NHK「テレビで中国語」DVDブック

ココリコ田中 presents

ミニドラマで楽々、覚える

実践！
ビジネス中国語講座

知識ゼロからペラペラに

監修
陳淑梅／NHK「テレビで中国語」制作班

JN297569

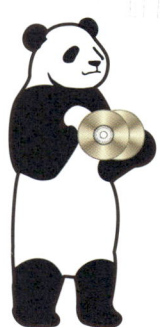

はじめに

Chén Shūméi
陳淑梅
（ちん・しゅくばい）

中国・天津生まれ。天津外国語大学日本語学部卒業後、1986年来日、明治大学大学院修了。現在、東京工科大学教授。著書に『中国語エッセイ 小点心――あっさり味の日中文化論』、共著に『CDブック くりかえして、覚える！ はじめての中国語学習帳』（いずれもNHK出版）など多数。

2012年度のEテレ「テレビで中国語」では、できるだけ日本語を使わず「中国語で中国語を教える」試みをしました。生徒役の田中さんは、中国語のシャワーを浴び、大奮闘しました。

このDVDブックでも、北京に赴任した長山社長の奮闘ドラマや、田中直樹さんの挑戦する会話コーナーなどから、現場で使える中国語を学んでいただけるように、工夫しています。

職場での挨拶、アポの電話、タクシーで目的地を告げ、領収書をもらい、迷っても道を聞いて打合せ場所にたどり着く、数字の誤解を避け、部下の中国人に注意をする、打ち解ける、さらには宴会での話題やふるまい……等々、まさに明日からのビジネスの現場で役立つ事柄を、ふんだんに盛り込んでいます。

語学の勉強はスポーツとよく似ています。スキーを習うとき、本や映像で勉強することはできても、いざゲレンデに出てみると、必ずつまずいたり転んだりして、うまくいきません。トレーナーの説明を聞きながら、実際に雪の上で練習を繰り返すうちにコツがつかめ、だんだん滑れるようになるのです。

中国語の勉強もまったく同じです。このDVDブックで学んだ内容を、実際の場面でどんどん使ってみてください。相手の言う事が聞き取れなかったり、こちらの言う事を理解してくれなかったりの経験をたくさん積んでください。そこから学びとった言葉は本当にあなたの力となるはずです。

また、通じない経験を踏まえて、DVDの映像や、本書の解説を読んでいただくと「そういうことだったのか！」とわかることがたくさんあるはずです。

ことわざに"条条大道通罗马"tiáotiáo dàlù tōng Luómǎ（すべての道はローマに通ずる）というものがあります。勉強の仕方は１つではありません。目的を達成するためにはいろいろな道、方法があります。みなさんもぜひ自分に合ったやり方を見つけてみてください。

みなさんのご健闘を心から応援しています！

1982年2月13日生まれ。俳優。中国・黒竜江省出身。父親と、母方の祖父が中国人。9歳で日本へ移住し、その後帰化する。18歳で北京電影学院に1年間留学。テレビドラマ「花より男子」の美作あきら役など、日本や台湾、中国などで活躍をつづける。趣味は旅行、カメラ、自転車、ムエタイなど。

Ābù Lì　Lǐ Zhèndōng
阿部力　李振冬
あべ つよし　（中国語圏での芸名）

Duàn Wénníng
段文凝（だん・ぶんぎょう）

5月4日生まれ。中国・天津出身。天津師範大学卒業後、2009年まで天津テレビ局に所属し、番組の司会やナレーションなど、多方面で活躍。早稲田大学大学院に在学しながら、「テレビで中国語」に出演し、ファンが激増中。イメージDVD「段文凝 私的探求旅日記」（ポニーキャニオン）も発売されている。

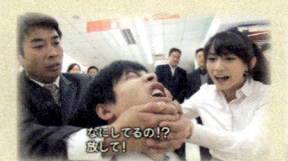

Chángshān Yǒu'èr
長山友二
ながやま ゆうじ

このDVDブックに収録されている、中国語ドラマ「がんばって！ 長山社長」の主人公。日本の電機メーカー、満福電器の北京支社長として赴任し、つたない中国語を使いながら、中国でのビジネスに悪戦苦闘する。中国人家庭のリサーチから、独創的な新製品「熱熱先生」を開発。製造工場の確保や販路開拓を一歩一歩なしとげていく。プレッシャーに弱く、緊張が高まると失神する特異な体質の持ち主。

大家好！　みなさんこんにちは！
「テレビで中国語」で1年間、中国語を学んだ田中直樹です。

中国には番組に臨む前にも、実は30回くらい行ったことがありましたが、中国語は「ニイハオ」「シェイシェイ」くらいしか知りませんでした。そんな自分が中国語を勉強!? どうなることか！ とは思いましたが、陳先生や阿部ちゃん、段さんに教えていただきながら、なんとか1年間乗り切ることができました。

このDVDブックを手にしてくださった方の中には、ビジネスの現場で中国語と格闘されている方もいらっしゃると思います。

その現場でのご苦労に比べれば小さなものですが、番組の収録ではいつも、ものすごいプレッシャーがありました。

事前に渡される台本は最小限度。収録の際に阿部ちゃんから単語を教えてもらい、陳先生から文法を教わると、すぐその後に会話コーナーに挑戦することになっていたからです。

しかも会話コーナーの台本はほぼ白紙でした。その日に習う単語や文法を頭に残さなければ会話コーナーに挑めない。会話コーナーで話せなければ、番組が成立しない。習ったばかりの表現でどうアドリブができるか？　欲を言えば、なんとか笑いがとれないか…。

これまでも厳しい現場は数々ありましたが、「テレビで中国語」の収録もとても緊張感のある収録でした。

DVDを見ていただいたり、本を読んでいただくときに、そんな収録現場のライブ感も楽しんでいただければと思います。また、ぼくの失敗に笑っていただくことで、読者の皆さんの学習のお役に立てればうれしく思います。

DVDの最後には、番組の最後に行なわれた台湾での実地テストも収録されています。1年勉強すれば、このくらいは話せるようになる、という参考になるはずです。

DVDも本も盛りだくさんな内容です。ぜひ、楽しみながら中国語を学んでください。

Tiánzhōng Zhíshù
田中直樹
たなか　なおき

1971年4月26日生まれ。お笑いタレント、俳優。お笑いコンビ・ココリコのボケ担当。相方は遠藤章造。大阪豊中市出身。趣味は、動物、天体、映画の鑑賞など。かつては仕事で毎月のように中国に行くなど、30回以上の訪中経験がある。2012年度の「テレビで中国語」で初心者代表として中国語学習に挑んだ。

このDVDブックを活用するために

◎DVDには、2012年度前期の放送内容のうち、下記の内容を収めています。
　●日本人ビジネスマン・長山友二のスキット（前・後編）。
　●各課ごとの必須単語講座、文法講座と発音練習。
　●田中直樹が挑戦するタスク。
　●以上の内容を21課分。

◎本にも、DVDの内容を各課ごとにまとめてあります。

◎DVDを見てから本を読む、本を読んでからDVDを見る、
　順番はどちらでもかまいません。

◎内容がある程度、頭に入ったらドリルをやってみましょう。
　ドリルは最小限の問題を掲載しています。
　逆に言えば、大事な問題ばかりです。

◎ドリルをやった後にタスクや、文法講座を見ると、
　「そういうことだったのか！」という発見があるはずです。
　DVDと本を、ぜひ繰り返し見て聞いて読んでください。
　そして一緒に発音してみてください。

目次

- これだけは知っておきたい！中国語の基礎知識 6
- 発音の基本の基本！ 声調と母音 7
- 発音の基本（その2）子音と複母音 8

第1課　自己紹介とあいさつをマスターしよう！ 10
- □あいさつする 12
- □感謝を述べる 12
- □自己紹介する 13
- □名前を尋ねる 13

第2課　「わたしのものです」と言えるようになろう！ 17
- □「～は…です」と言う 19
- □「～ではありません」と言う 19
- □「～ですか？」と尋ねる 19
- □「～の（もの）」と言う 19

第3課　「何を食べる？」と質問してみよう 23
- □基本の語順を知る 25
- □「何」「誰」など疑問詞を使って尋ねる 25

第4課　「～してください」の言い方で注意してみる 30
- □「～してください」と言う 32
- □命令する 32

第5課　AかB、どちらが好きか尋ねるには？ 37
- □好みを言う 40
- □「AかBか」と尋ねる 40

第6課　形容詞を使って、人をほめる言い方 44
- □形容詞の文を使えるようになる 46
- □"也"や"都"を使う 46

第7課　「～はありますか？」と質問できるようになろう！ 50
- □あるかないかを言う、尋ねる 52
- □反復疑問文を使う 52

第8課　数字や日時の言い方をおぼえてアポ取りに挑戦！ 57
- □数字を言う 59
- □月日を言う、尋ねる 59
- □曜日を言う、尋ねる 59
- □午前、午後などを言う 60
- □時刻を言う、尋ねる 60
- □月日や時刻を使いこなす 60

第9課　道や場所を尋ねる、伝える 64
- □「～にいる」「～にある」と言う、尋ねる 66
- □"从"や"往"を使う 66

第10課　自分の希望を伝える「～したい」の言い方 70
- □「～したい」「～するつもりだ」と言う、尋ねる 72
- □「ちょっと～する」と言う 72

◎本書は2012年度にNHK Eテレで放送された「NHKテレビ テレビで中国語」の放送内容をもとに、番組の内容を抜粋、再構成の上まとめたものです。

第11課　100以上の数もわからないとホントに困る！.................................. 76
　　　　□100以上の数字を使う 78
　　　　□量詞を使う 79

第12課　必須の話題、年齢や干支（えと）について話す 83
　　　　□年齢を言う、尋ねる 85
　　　　□干支を言う、尋ねる 85

第13課　時間の長さやかかる時間の言い方、尋ね方 89
　　　　□時間の長さを言う、尋ねる 91
　　　　□かかる時間を言う、尋ねる 91

第14課　「どうやって〜する？」と質問する＆値切り交渉 96
　　　　□値段を尋ねる 98
　　　　□値切る交渉をする 98
　　　　□「どのように〜する？」と尋ねる 98

第15課　AさんはBさんより「ずっときれい」「少し若い」
　　　　こんな風に比べるには？ 103
　　　　□比較する 105
　　　　□比較の差をつける 105

第16課　「今、作っています」「ちょうど検査してます」と言うには？ 109
　　　　□進行中であることを伝える 111
　　　　□「〜している」のほかの言い方 111
　　　　□状態の持続を伝える 111

第17課　「〜してもいいですか？」と許可を求める言い方 115
　　　　□"可以"を使う 116
　　　　□"能"を使う 116

第18課　面接で何ができるか質問してみる 120
　　　　□"会"を使う 122
　　　　□"会"と"能"を使いわける 122

第19課　病院で「薬を処方してください」と言うには？ 127
　　　　□「〜に…してください」「〜に…してあげる」と言う 129
　　　　□病院で使われることばを覚える 129

第20課　「ゴルフをしたことがあります」と経験を伝えるには？ 133
　　　　□経験を言う 135
　　　　□いろいろなスポーツを言う 135

第21課　「特に」「実に」「非常に」
　　　　こんなことばで強くアピールする方法!!! 139
　　　　□程度を表す副詞を使う 141

巻末総復習ドリル 146
田中直樹、会話に挑戦します！特別編 台湾で最終試験！の巻 148
中国語基本音節表（カタカナ付き） 150

◎紙面のスペースや動画のスピードの都合で、本書に掲載している中国語／日本語訳と、DVDの表記は異なる場合があります。また、意訳を採用している場合もございます。ご了承ください。

これだけは知っておきたい!
中国語の基礎知識

簡体字・简体字

中国語には、ひらがなやカタカナはありません。表記にはすべて漢字が用いられています。漢字学習を容易にするため、また、漢字を読みやすくするために、中国では中華人民共和国成立後、独自に文字改革が行われました。日本とは異なった方法で漢字を簡略化したのです。これを「簡体字」("简体字" jiǎntǐzì)と言います。簡体字の作り方には、右にまとめたように、いろいろなパターンがあります。

なお簡体字は、シンガポール、マレーシアなどの東南アジアの中国系社会でも使われています。

一方、台湾や香港では、今でも古い字体の漢字("繁体字" fántǐzì)がそのまま使われています。

簡体字は日本の漢字とかなり違うところがありますが、まったく同形同義のものもたくさんあります。たとえば「学校、学生、商店、手、耳、花、草」などです。これらの知識を生かせば、きっと"事半功倍"「半分の労力で倍の成果をあげる」ことができるでしょう。

偏や旁を略したもの
漢語 ⇒ 汉语
認識 ⇒ 认识

草書体を利用したもの
陳 ⇒ 陈
書 ⇒ 书
專 ⇒ 专

繁体字の一部分だけを残したもの
習 ⇒ 习
幹 ⇒ 干
業 ⇒ 业

僕の名前も簡体字だと、"田中直树"になります。「直樹」はずいぶん違いますね!

ピンイン・汉语拼音

中国語にはローマ字を使った発音表記、「ピンイン」("汉语拼音" Hànyǔ pīnyīn)があります。

中国語は声調言語で、一つ一つの音節に「声調」と呼ばれる高低アクセントが付いています(右ページ参照)。

中国語の声調には全部で四つのパターンがあるので「四声(しせい)」とも言います。

同じつづりでも、声調が違うと意味がまったく異なりますので、ピンインは声調を含めてしっかり覚えていきましょう。

漢語・汉语

中国は56の民族が暮らす多民族国家で、13億人以上の人口を有しています。

この56の民族のことばはすべて中国語に含まれます。そうしたたくさんのことばの中で、わたしたちがふだん言う「中国語」とは人口の9割以上を占める漢民族が使っていることば、つまり「漢語」("汉语" Hànyǔ)を指しています。

普通話・普通话

"汉语"と言っても、広い中国の中には、多彩な方言があります。まるで外国語のように、お互いにまったく通じない方言もあります。

このような事情を踏まえ、現在の中国では、学校教育や公的機関・メディアなどで、北京方言の語音、北方方言の語彙、現代の模範的な口語文の文法を元にした標準語=「普通話」("普通话" pǔtōnghuà)が使われています。

"普通话"とは、つまり「あまねく通じることば」という意味です。本書でとりあげている中国語("汉语")は、この"普通话"のことを指しています。

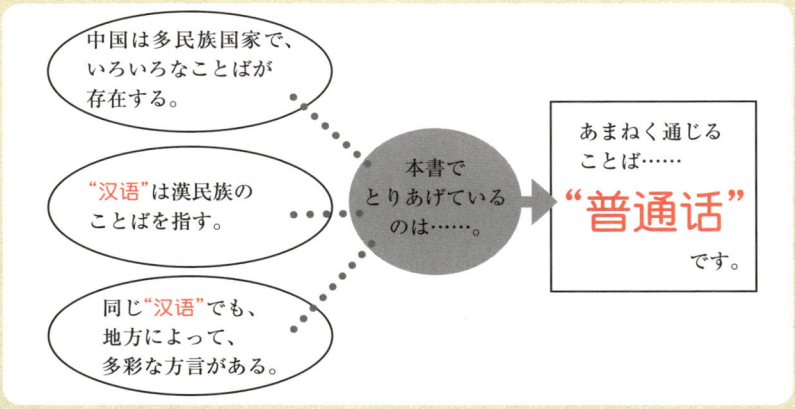

発音の基本の基本！
声調と母音

声調

中国語は声調言語と言われています。

声調とは音の高低の種類を言います。右に示したように、中国語には四つの声調があるので、「四声」とも言います。

声調は非常に重要です。たとえば同じmaでも、右の例のように、声調が違うとまったく違う意味になってしまいます。「mā(妈)」は「お母さん」、「má(麻)」は「しびれる」、「mǎ(马)」は「馬」、「mà(骂)」は「ののしる」です。気をつけてください。

第1声	第2声	第3声	第4声
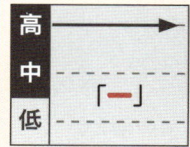	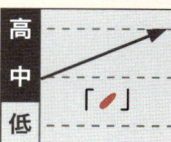	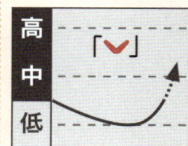	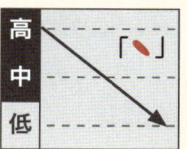
普通の声の高さよりも高く平らなまま持続します。頭の、てっぺんから声を出しましょう。	声を急激に上昇させます。驚いたときの「えー！なんでー!?」の「えー！」で。	声を低くおさえます。音節の終わりのほうで自然に上昇することがあります。のどが苦しくなりますが、頑張りましょう。	高いところから急激に下降します。「あー、そーかー、わかった！」と言うときの「あー」で。
例 **mā** 妈 お母さん	例 **má** 麻 しびれる	例 **mǎ** 马 馬	例 **mà** 骂 ののしる

軽声

四声のほかに「軽声」というものがあります。ほかの音節の後ろに付き、軽く短く発音されるもので、声調記号は付けません。

例
māma 妈妈
母、お母さん

bàba 爸爸
父、お父さん

第3声の変調

第3声と第3声が連続すると、前の音節の第3声は第2声に変わります。

表記	読み方
你好　nǐ hǎo →	ní hǎo

母音

中国語の母音には、右に示したように、基本的に六つの音があります。a、o、i、uは日本語の母音に近いのですが、eとüの音は日本語にはありませんので、注意してください。

母音の中では、やっぱりüがむずかしいですね。口の開け方とか。

ピンイン	発音記号	カナ	
a	[a]	(アー)	日本語の「ア」よりも口を大きく開けて、はっきり発音しましょう。
o	[o]	(オー)	日本語の「オ」よりも唇が丸くなるようにして発音しましょう。
e	[ɤ]	(オーァ)	「オ」と言いながら、舌を動かさずに唇だけ横に引いてみましょう。「エ」の唇で、「オ」と発音するわけです。その際、舌が浮いてしまわないように注意してください。
i(yi)	[i]	(イー)	日本語の「イ」よりも口を横にぐっと引いて、するどく発音しましょう。 ★iが単独で音節になる場合はyiと書きます。
u(wu)	[u]	(ウー)	日本語の「ウ」よりも口笛を吹くときのように口を思い切り丸めて発音しましょう。 ★uが単独で音節になる場合はwuと書きます。
ü(yu)	[y]	(ユイ)	「イ」と言いながら、舌を動かさずに唇だけuのように丸めてみましょう。uの唇で「イ」と発音するわけです。 ★üが単独で音節になる場合はyuと書きます。
er	[ə]	(アル)	erは、舌を巻き上げて発音するそり舌母音です。「ア」と言ってから、すぐに舌先をひょいっと巻き上げましょう。

発音の基本（その2）
子音と複母音

複母音

māo "猫"（ネコ）のaoや niǎo "鸟"（トリ）のiaoのように、二つあるいは三つの母音からなるものがあります。それを「複母音」と言います。

口の開きが最初は小さく、後ろが大きいもの	口の開きが最初は大きく、後ろが小さいもの	口の開きが最初は小さく、まん中は大きく、後ろが小さいもの
ia　ie ua　uo üe	ai　ao ei　ou	iao　iou uai　uei

★最初のi/u/üははっきりと発音してください。★i/u/üで始まる音節は、それぞれy-/w-/yu-と書くきまりになっています。

子音

中国語の子音は全部で21あります。発音練習をするときは、それぞれ( )の中の母音をつけて発音しましょう。

b(o)	無気音です。日本語のバ行とは違います。濁らず、息の音がしないように。
p(o)	有気音です。思いっきり息の音が出るように「ポー」と言ってみましょう。
m(o)	日本語のマ行の子音に近い音です。
f(o)	上の歯を下の唇に乗せて、摩擦させながら発音します。英語のfに近い音です。
d(e)	無気音です。「ドーァ」に近い音ですが、濁らないように。
t(e)	有気音です。息の音が出るように「トーァ」と言ってみましょう。
n(e)	日本語のナ行の子音に近い音です。
l(e)	舌の先を前歯の裏につけて発音してみましょう。
g(e)	無気音です。「ゴーァ」に近い音ですが、濁らないように。
k(e)	有気音です。息の音が出るように「コーァ」と言ってみましょう。
h(e)	のどの奥を摩擦させながら息の音が出るように「ホーァ」と言ってみましょう。

> 発音も聞き取りも難しいですけど、少しずつできるようになってくると、楽しくなるはず！

無気音と有気音

中国語の声母(子音)には、「無気音」と「有気音」の区別があります。無気音とは、息の音がしないもの、有気音とは息の音が聞こえるものです。

無気音・有気音の区別は非常に大切です。日本語では清濁を区別し、たとえば「か」は「蚊」を、「が」は「蛾」を指すように、まったく異なっています。中国語の無気音と有気音も、これに似ています。たとえば、無気音のbà(爸)は「お父さん」、有気音のpà(怕)は「恐れる」という意味なのです。

無気音は、日本語の清音や半濁音で発音してもかまいませんが、ともかく、息の音がしないように、やわらかく発音してください。一方、有気音は、やや極端に言いますと、子音を発音したあと、しばらくは「ハー」という息の音だけで母音の音が聞こえないくらい、息を出しています。

また、無気音・有気音の区別は、口から出てくる呼気の強さでもわかります。口の前に手の甲をかざして発音してみましょう。無気音は息を感じないのに対して、有気音は息がしっかり伝わってきます。

ビールの"啤酒" píjiǔの最初のpの音は有気音。思いっきり息を吐くのがコツらしいです。

j(i)		無気音です。「ジ」に近い音ですが、濁らないように。
q(i)		有気音です。息の音が出るように「チ」と言ってみましょう。
x(i)		日本語の「シ」とほぼ同じ音と思って結構です。英語のsea(スィー)の音にならないように注意しましょう。

zh、ch、sh、rは「そり舌音」です。「そり舌音」とは、舌先をそり上げて発音するものです。舌先は、上の歯茎の裏のさらに上の、やや高くなった位置まで上げてください。その際大切なことは、舌の表と裏の両方に空間をつくることです。音は、ややこもった音になります。

zh(i)		無気音です。舌をそり上げ、上あごにつけて、息の音がしないように、「ジー」と言ってみましょう。
ch(i)		有気音です。舌をそり上げ、上あごにつけて、息の音が出るように、「チー」と言ってみましょう。
sh(i)		舌をそり上げ、舌を浮かせたまま「シー」と言ってみましょう。
r(i)		shiの要領で、声帯を勢いよく震わせ、力強く「イ」のような音を出します。「リー」とならないように注意しましょう。

z、c、sは「舌歯音」と言います。口の端を横に引いて発音します。

z(i)		無気音です。息の音がしないように「ズー」と言ってみましょう。
c(i)		有気音です。思いっきり息の音が出るように「ツー」と言ってみましょう。
s(i)		口の端を横に引いて、「スー」と言ってみましょう。

第1課 自己紹介とあいさつをマスターしよう！

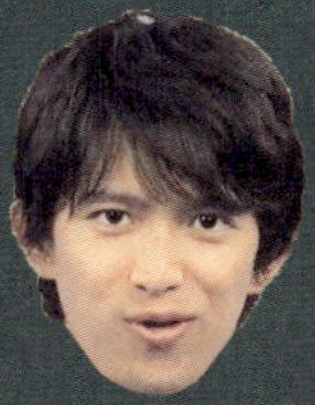

 がんばって！ 長山社長 　「2012年 中国赴任の旅」編

ナレーション　如果突然有一天派你到中国去工作，为了工作你必须要会讲中文，怎么办？ 这是某日本商务人员赴任北京的生活写照。
もしもあなたが突然中国で働くことになったら。仕事のために中国語を話さねばならなくなったらどうしますか？ これは、北京に赴任した日本人ビジネスマンの真実の記録。

今日は彼の北京赴任初日。トイレで自己紹介の予行練習をしている。

長山　Dà, jiā, hǎo, wǒ, jiào, Cháng, shān, Yǒu, èr.
大，家，好，我，叫，长，山，友，二。
みな、さん、こんにちは、わたし、は、長、山、友、二、です。

Dà, jiā, hǎo, wǒ, jiào, Cháng, shān, Yǒu, èr.
大，家，好，我，叫，长，山，友，二。
みな、さん、こんにちは、わたし、は、長、山、友、二、です。

今日から、ここが俺の職場か……。

段　Qǐngwèn.....
请问……
すみません……

ナレーション　他叫长山友二。是来自日本一家中小家电企业・满福电器公司的北京常驻人员，今天是他赴任的第一天。
彼の名前は長山友二。日本の家電中小企業・満福電器の北京駐在員として、この日着任した。

段　Nín shì Chángshān xiānsheng ma？
您是长山先生吗？
長山さんですか？

Nín jiù shì Chángshān xiānsheng ba？
您就是长山先生吧？
長山さんですね？

Chūcì jiànmiàn, qǐng duō guānzhào.
初次见面，请多关照。
はじめまして、よろしくお願いします。

Wǒ shì mìshū jiān fānyì, jiào Duàn Wénníng.
我是秘书兼翻译，叫段文凝。
私は秘書兼通訳の段文凝と申します。

長山　あ、そうだ。（あわてて紙を見ながら）

Nǐ, hǎo, wǒ shì Cháng, shān……, Cháng, shān, yǒu, èr……, Chángshān……
你，好，我，是，长，山…，长，山，友，二…，长山……
こ、ん、に、ち、は、わたし、は、長、山……。長、山、友、二です……。長山…

段　大丈夫。お上手ですよ。

ナレーション　在大学学中文的时候，只是为了拿学分儿，所以没有好好学。不管怎么说，今天是赴任的第一天，他必须得用中文郑重地向大家打招呼。
大学時代に中国語を学んだときは、単位を取るためというだけだったので、ちゃんと勉強しなかった。どうであれ、今日は赴任初日、中国語でびしっとあいさつしなければならない。

段　では、うちのスタッフをご紹介します。

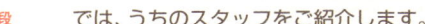

Gè wèi zhùyì le.
各位注意了。
みなさん、注目。

Jīntiān shì Dōngjīng zǒng gōngsī pàilái chángzhù de
今天是东京总公司派来常驻的
本日は東京本社から着任した

Chángshān jīnglǐ dào rèn de dì yī tiān,
长山经理到任的第一天，
長山社長の赴任初日です。

Chángshān xiānsheng, qǐng.
长山先生，请。
長山さん、どうぞ。

社長、お願いします。

立ち上がり、一斉に長山に視線を向ける社員たち。
長山　（緊張）あれ？　カンペ（カンニングペーパー）は？
見ると、用意していたカンペ紙が床に落ちている。
あ……あ……。

自己紹介って、ぼくらの仕事で言えばある意味「つかみ」だったりもします。上手くできるといいですね。長山さんの緊張もよくわかります。ぼく自身、田中直樹の発音は本当に苦労しました。

Zhèi ge rén……jiù shì xīn lǎobǎn ma?
胡　这个人……就是新老板吗？
あの人が……、新しいボスか？

Wǒ juéde zhèi ge rén yǒu diǎnr guài.
張　我觉得这个人有点儿怪。
変な人が来ちゃったみたいだな。

長山、緊張のあまり泡をふいて倒れかける。

ナレーション　其实呀，这位长山先生还有个毛病，一旦他紧张到了极点就会昏迷。在长山的意识深处，他强烈地企盼着"此时此刻，要是能用流利的中文作自我介绍该多好啊……！"
実は、この長山、緊張が頂点に達すると気を失うという特異体質の持ち主だった。遠のく意識の中で、長山は強く思っていた。

こんなとき、中国語でスラスラと自己紹介ができたら……！

主な語句

fānyì 翻译 通訳	jīntiān 今天 今日、本日	lǎobǎn 老板 （商店や中小企業の）社長、経営者
dàjiā 大家 みなさん	gè wèi 各位 みなさん	zǒng gōngsī 总公司 本社	yǒudiǎnr 有点儿 少し
mìshū 秘书 秘書	zhùyì 注意 注意する、注意を払う	jīnglǐ 经理 社長、経営者	guài 怪 風変わりな、怪しい

今回の必須単語はコレだ！

我	你	您	他	她	我们	你们	贵姓	什么	名字
wǒ	nǐ	nín	tā	tā	wǒmen	nǐmen	guìxìng	shénme	míngzi
わたし	あなた	あなた（丁寧な表現）	彼	彼女	わたしたち	あなたたち	ご名字	なに	名前

陳淑梅の ときどき厳しい 文法講座

第1課

□あいさつする

中国語の基本的なあいさつを覚えましょう。

こんにちは。

Nǐ hǎo.
你好。
もっとも広く使われるあいさつことば。日本語の「こんにちは」と同じ意味ですが、朝昼晩いつでも使われ、とても便利なことばです。"你"は「あなた」。"好"は「よい」という意味です。目上の人に対しては"您好" Nín hǎo.を使います。"您" nínは「あなた」の丁寧な表現です。

Nǐmen hǎo.
你们好。
二人以上の人に対して言うあいさつことばです。「みなさん、こんにちは」という意味。"你们"は"你"の複数形で「あなたたち」という意味です。

Dàjiā hǎo.
大家好。
"大家"は「みなさん」という意味。大勢の人に対するあいさつことばです。たとえば「会場のみなさん」や「テレビ前のみなさん」に対してあいさつをするときはこれを使います。

どうぞ、よろしくお願いします。

Qǐng duō guānzhào.
请多关照。
"请"は「どうぞ」。"多"は「多いに」。"关照"は「面倒を見る」。合わせて「どうぞよろしくお願いします」という意味になります。自己紹介の後にこの一言を付け加えると、大変丁寧な感じになります。

さようなら。

Zàijiàn.
再见。
"再"は「再び」。"见"は「会う」。「また会いましょう」、「さようなら」という意味です。

□感謝を述べる

続いて、「ありがとう」「どういたしまして」を覚えましょう。

ありがとう。

Xièxie.
谢谢。
「ありがとうございます」という意味です。"谢谢你"とも言えます。目上の人に対しては"谢谢您"という言い方もできます。

Fēicháng gǎnxiè.
非常感谢。
"非常"は「たいへん」「とても」という意味。"感谢"は「感謝する」。合わせて「大変ありがとうございます」という意味になります。"谢谢"にくらべて、改まった表現になります。

どういたしまして。

Bú xiè.
不谢。

Búyòng xiè.
不用谢。

Bú kèqi.
不客气。
いずれも「どういたしまして」という意味です。"不谢"はもっともラフな言い方です。

□自己紹介する
中国語での自己紹介は、名字（姓）とフルネームの言い方が違いますので注意しましょう。

名字だけを言う
主語 ＋ "姓" ＋ 名字 （〜は○○という名字（姓）です。）

フルネームを言う
主語 ＋ "叫" ＋ フルネーム （〜は○○という名前です。）

たとえば田中直樹さんなら、次のような自己紹介ができます。

Wǒ xìng Tiánzhōng.
我姓田中。
田中と申します。

Wǒ jiào Tiánzhōng Zhíshù.
我叫田中直树。
田中直樹と申します。

丁寧に自己紹介をする
丁寧に自己紹介する場合は、先に名字を言って、それからフルネームを言うパターンが最も一般的です。

Wǒ xìng Tiánzhōng, jiào Tiánzhōng Zhíshù.
我姓田中，叫田中直树。
名字は田中です。田中直樹と申します。

□名前を尋ねる
中国語では名字（姓）とフルネームの尋ね方も、使う動詞が違います。

名字だけを尋ねる

Nín guìxìng？
您贵姓？
お名前は？
"您"は"你"（あなた）の丁寧な表現。目上の人に対してこれを使います。"贵姓"は「あなたの名字」の丁寧な言い方です。"您贵姓？"は、日本語に訳すと「お名前は？」となりますが、本当は相手の名字（姓）だけを聞いており、名前は聞いていません。ですから、答えるときは"我姓田中。"（わたしは田中と申します）と、名字だけ言いましょう。

フルネームを尋ねる

Nǐ jiào shénme míngzi？
你叫什么名字？
何というお名前ですか？
"叫"は「名前は〜と言います」という意味の動詞。フルネームを言うときに使われます。"什么"は「何」「どんな」。"名字"は「名前（姓・名）」。合わせて「あなたはなんというお名前ですか？」という意味です。"你叫什么名字?"と聞かれたら、必ずフルネームを答えましょう。

第1課

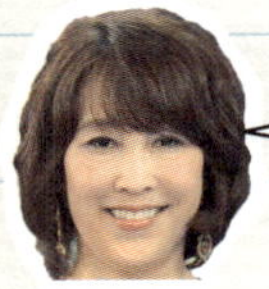

ドリルに挑戦してみましょう。

前のページで学習したことや「ヒントのカード」を参考に、①〜⑧の（　）を埋め、中国語を完成させましょう。(答えはページの下にあります)。

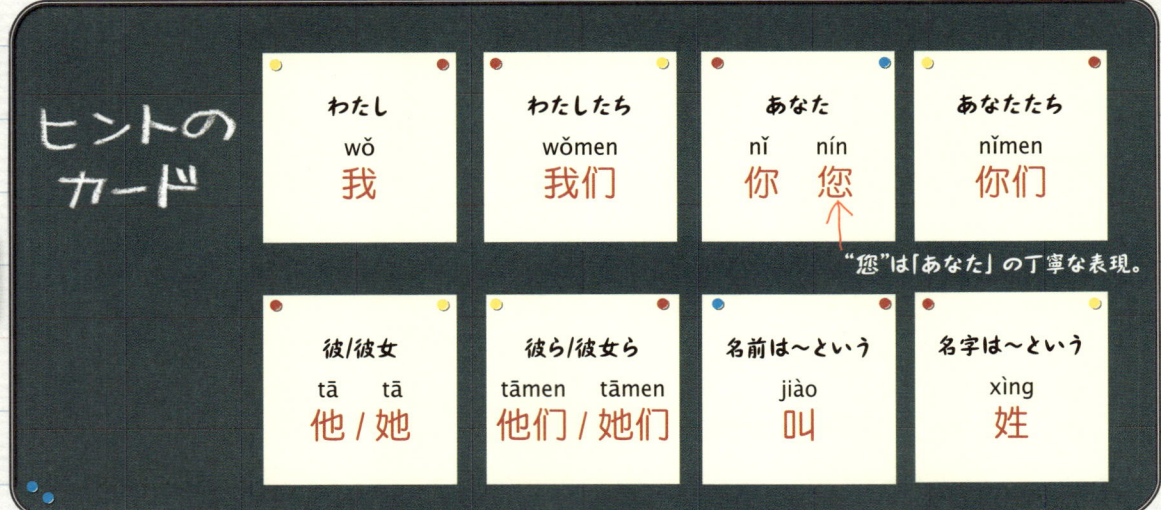

① みなさんこんにちは。

你们（　　　）。

② わたしは田中直樹と申します。

我（　　　）田中直树。

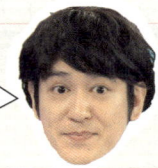

名字だけの場合と
フルネームの時で言い方
が違うんですね！

③ わたしは阿部です。

我（　　　）阿部。

④ 彼はなんという名前(姓・名)ですか？

（　　　）叫什么名字？

⑤ 彼は田中直樹さんです。

他（　　　）田中直树。

名前の尋ね方も、
ちゃんと覚えて
くださいね！

⑥ 彼女はなんという名前ですか？

（　　　）叫什么名字？

⑦ 彼女は佐藤めぐみさんです。

她（　　　）佐藤惠。

⑧ お名前はなんとおっしゃいますか？

（　　　）贵姓？

答え
① 好　② 叫　③ 姓　④ 他　⑤ 叫　⑥ 她　⑦ 叫　⑧ 您

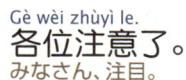 よかったね！ 長山社長

段　では、うちのスタッフをご紹介します。

Gè wèi zhùyì le.
各位注意了。
みなさん、注目。

Jīntiān shì Dōngjīng zǒng gōngsī pàilái chángzhù de
今天是东京总公司派来常驻的
本日は東京本社から着任した

Chángshān jīnglǐ dào rèn de dì yī tiān,
长山经理到任的第一天,
長山社長の赴任初日です。

Chángshān xiānsheng, qǐng.
长山先生，请。
長山さん、どうぞ。

社長、お願いします。

立ち上がり、一斉に長山に視線を向ける社員たち。長山はホワイトボードに向かうとペンを手にとり、何か書きはじめる。万里の長城の絵に"长城"の文字、富士山の絵に"富士山"の文字。日本と中国の間で握手している絵に"朋友"の文字を書く。

長山　Dàjiā hǎo, wǒ de míngzi jiào……
大家好，我的名字叫……
みなさん、こんにちは、わたしの名前は……

"长城"の"长"に○、"富士山"の"山"に○、"朋友"の"友"に○をつける。

Wǒ jiào Chángshān Yǒu'èr. Zhōngguó, Rìběn, péngyou！
我叫长山友二。中国，日本，朋友！
長山友二と申します。（絵を指して）中国、日本、友達！

Qǐng duō duō guānzhào！ Xièxie！
请多多关照！ 谢谢。
よろしくお願いします！ ありがとう。

おじぎをする長山。ゆっくりと頭を上げると、社員たちが笑顔で歓迎の拍手。何度も「ありがとう、ありがとう」とおじぎをする長山を見ている社員たち。

張　Zhèige xīn lǎobǎn bié kàn Zhōngwén shuō de bú tài hǎo, rén dàoshì tǐng yǒu yìsi de.
这个新老板，别看中文说得不太好，人倒是挺有意思的。
この新しいボス、中国語はあまり話せないようだけど、面白そうな人だな。

胡　Érqiě tǐng chéngshí. Ng, wǒ juéduì méi kàncuò！
而且挺诚实。嗯，我绝对没看错！
それに誠実そうな人だ。うん。俺にはわかる！

鄧　Xiāngxìn wǒmen jiānglái de gōngzuò huì hěn yúkuài de.
相信我们将来的工作会很愉快的。
これからの仕事も楽しくなりそうね！

主な語句

Zhōngwén
中文
中国語

chéngshí
诚实
誠実である

xiāngxìn
相信
信用する、信じる

> **田中直樹、会話に挑戦します！**
> 引っ越しのあいさつという設定に挑戦です。
> お隣さんに自分の名を名乗り、名前を教えてもらいます。
> 阿部ちゃんのサポートも受けながら、
> 勉強した表現を使いこなせるように頑張ります！

阿部
Nǐ hǎo.
你好。
こんにちは。

段
Nǐ hǎo, nǐmen hǎo.
你好，你们好。
こんにちは。

田中
Nǐ hǎo.
你好。
こんにちは。

我姓田中，叫田中直树。
Wǒ xìng Tiánzhōng, jiào Tiánzhōng Zhíshù.
私の名字は田中で　田中直樹と申します

阿部
Wǒ men shì jīntiān gāng bānlai de.
我们是今天刚搬来的。
きょう引っ越してきたものです。

Xiǎng gēn nín dǎ shēng zhāohu.
想跟您打声招呼。
ごあいさつに来ました。

> "打招呼" dǎ zhāohuは「あいさつをする」という意味。"声"は"一声"の省略形で「ひと言」という意味になります。

段
Ò, jīntiān gāng bānlai de a, huānyíng huānyíng.
哦，今天刚搬来的啊，欢迎欢迎。
引っ越してきたんですね。ようこそ。

田中
Wǒ xìng Tiánzhōng, jiào Tiánzhōng Zhíshù.
我姓田中，叫田中直树。
わたしの名字は田中で、田中直樹と申します。

段
Tiánzhōng Zhíshù.... nǐ hǎo, nǐ hǎo.
田中直树…你好、你好。
田中直樹さん、こんにちは。

田中
Nín guìxìng?
您贵姓？
ご名字は？

段
Wǒ xìng Duàn.
我姓段。
名字は段です。

田中
Nǐ jiào shénme míngzi?
你叫什么名字？
フルネームは？

段
Wǒ jiào Duàn Wénníng.
我叫段文凝。
段文凝といいます

（阿部を向いて）
Nǐ jiào shénme míngzi?
你叫什么名字？
あなたのお名前は？

田中
Tā jiào Ābù Lì.
他叫阿部力。
彼の名前は阿部力です。

段
Ābù Lì... nǐ hǎo.
阿部力…你好。
阿部力…こんにちは。

阿部
Zhèige shì tā sòng gěi nín de lǐwù.
这个是他送给您的礼物。
彼からあなたへの贈り物です。

段
Gěi wǒ de?
给我的？
わたしに？

Tài gǎnxiè le. xièxiè.
太感谢了。谢谢。
ありがとう！

Yǐ hòu yǒu shíjiān, dào jiāli lái wánr.
以后有时间，到家里来玩儿。
時間があったら遊びにきてくださいね。

田中
Xièxie.
谢谢。
ありがとう

段
Zàijiàn.
再见。
さようなら。

我姓段。　　您贵姓？
Wǒ xìng Duàn.　Nín guìxìng?
名字は段です　ご名字は？

第2課 「わたしのものです」と言えるようになろう!

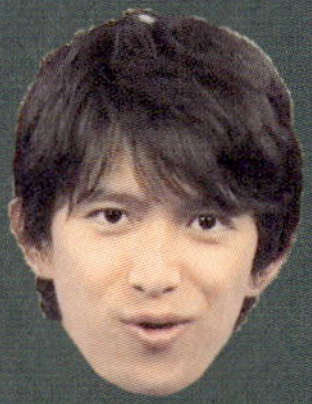

 **がんばって！長山社長**　「ド派手なのがお好き？」編

ナレーション　刚到北京赴任的长山为了了解中国家电的市场行情，来到了市内的一家电器商场。
北京に着任した長山は、中国家電市場の状況を知りたいと、
市内の家電量販店を見学にやってきた。

段　最近は中国のメーカーもずいぶんレベルが上がって、
家電業界は競争が激しくなっています。
消費者の生活スタイルに合った製品を作ることが生き残りのカギですね。

冷蔵庫コーナーを見る長山。
長山　赤い色の冷蔵庫か。日本じゃあまり多くないけど、中国人の好みなのかな。

椅子に座り、メモを取る長山。隣には携帯電話で話す男性が。

男　Qīn'ài de,
亲爱的，
ハニー、

wǒ gěi nǐ mǎi de lǐwù shì nǐ zuì xǐhuan de hóngsè,
我给你买的礼物是你最喜欢的红色，
プレゼントにきみの好きな赤いのを買ったよ、

nǐ děngzhe, wǒ xiànzài jiù huíqu a.
你等着，我现在就回去啊。
待っててね、すぐに帰る。

男が間違えて長山のカバンを持って歩きだす。考えごとに没頭している長山。
長山　よし、中国人の好みを把握するために、早く調査を始めなくては……。

長山、カバンから替えのペンを出そうとするが、出てきたのは真っ赤なブラジャー！
長山　ん!? あ!!

長山、カバンを持った男を見つける。
呼び止めて必死に伝えようとするが、伝わらない。
たまらずカバンをつかんで引き寄せる。

男　Nǐ wèi shénme yào kàn biéren de dōngxi！
你为什么要看别人的东西！
何で人のものを見ようとするんだ！

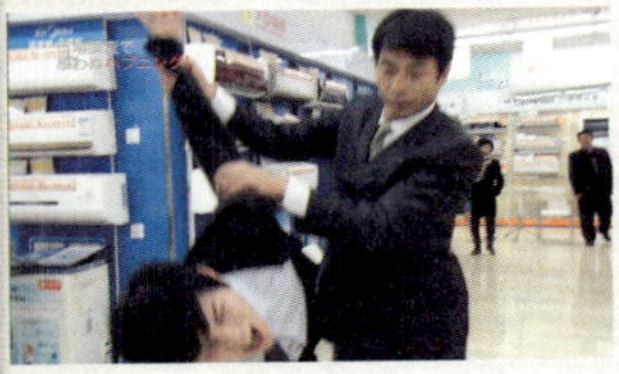

長山　痛い痛い。

男、長山を組み伏せる。段がやってくる。

段　Gàn shénme ne !?　Fàngkāi !　Kuài fàngkāi !
　　干什么呢！?　放开！　快放开！
　　どうしました!?　離して！　はやく離して！

男　Tā shì xiǎotōur !　Kuài jiào bǎo'ān rényuán lai !
　　他是小偷儿！　快叫保安人员来！
　　どろうぼうだ！　警備員を呼んできてくれ！

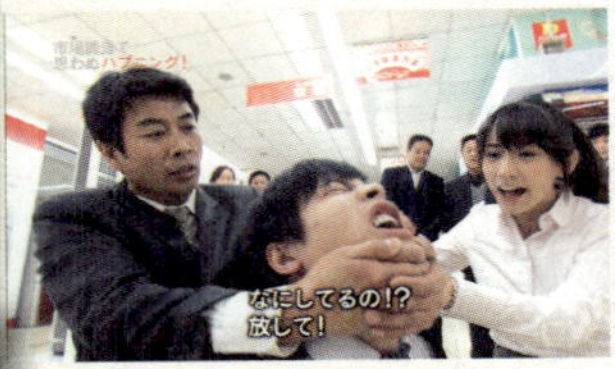

段　Tā bú shì xiǎotōur !　Fàngkāi tā !
　　他不是小偷儿！　放开他！
　　どろぼうではありません！　彼を離して！

男と段が激しく言い合う。

長山　ああ！苦しい！

ナレーション　在长山的意识深处，他想。
　　意識の奥底で、長山は思った。こんなとき、中国語でこう言えたら……。

これは俺のカバンだーー！

主な語句

qīn'ài de	lǐwù	děng	xiǎotōur
亲爱的	礼物	等	小偷儿
親愛なる人・もの：ここでは「ハニー」のような呼びかけ	贈り物	待つ	どろぼう
xǐhuan		wèi shénme	bǎo'ān rényuán
喜欢		为什么	保安人员
喜ぶ、好きである		なぜ	警備員

"小偷儿"の"儿"は「アール化」と呼ばれるもので、舌をそり上げて発音する

今回の必須単語はコレだ！

日本人	中国人	书包	名片	眼镜	手机	手表
Rìběnrén	Zhōngguórén	shūbāo	míngpiàn	yǎnjìng	shǒujī	shǒubiǎo
日本人	中国人	カバン	名刺	メガネ	携帯電話	腕時計

第2課

 陳淑梅の ときどき厳しい 文法講座

◻「～は…です」と言う

Wǒ shì Rìběnrén.
我是日本人。
私は日本人です。

Tā shì Zhōngguórén.
他是中国人。
彼は中国人です。

Wǒ shì xuésheng.
我是学生。
わたしは学生です。

Zhè shì cídiǎn.
这是词典。
これは辞書です。

Nà shì Rìběnjiǔ.
那是日本酒。
あれは日本酒です。

"是"は「～である」という意味を表す動詞です。「A +"是"+ B」の形で、「AはBである」という意味を表します。

"这"は「これ」、"那"は「それ、あれ」という意味を表す指示代名詞です。中国語には「それ」と「あれ」の区別がありません。

第2課

◻「～ではありません」と言う

Wǒ bú shì Zhōngguórén.
我不是中国人。
わたしは中国人ではありません。

Tā bú shì Rìběnrén.
他不是日本人。
彼は日本人ではありません。

Zhè bú shì shǒujī.
这不是手机。
これは携帯電話ではありません。

Zhè bú shì píjiǔ.
这不是啤酒。
これはビールではありません。

Nà bú shì càidān.
那不是菜单。
あれはメニューではありません。

否定を表す副詞"不"bùを"是"の前に置いて「～ではない」という意味を表します。"不"の後ろに第4声のことばが続く場合、第2声に変調しbúと発音します。

◻「～ですか?」と尋ねる

Nǐ shì Rìběnrén ma?
你是日本人吗？
あなたは日本人ですか？

Nǐ shì Hánguórén ma?
你是韩国人吗？
あなたは韓国人ですか？

Tā shì fúwùyuán ma?
他是服务员吗？
彼は店員さんですか？

Zhè shì zhàoxiàngjī ma?
这是照相机吗？
これはカメラですか？

Nà shì yínháng ma?
那是银行吗？
あれは銀行ですか？

文末に助詞"吗"をつけると、「～ですか」という意味の疑問文になります。

◻「～の（もの）」と言う

Nà shì wǒ de shūbāo.
那是我的书包。
あれはわたしのカバンです。

Zhè shì wǒ de míngpiàn.
这是我的名片。
これはわたしの名刺です。

Tā shì wǒ de mìshū, jiào Duàn Wénníng.
她是我的秘书，叫段文凝。
彼女はわたしの秘書で、段文凝といいます。

Wǒ shì màoyì gōngsī de.
我是贸易公司的。
わたしは貿易会社のものです。

Nǐ shì yíngxiāokē de ma?
你是营销科的吗？
あなたは営業課の人ですか？

"的"は名詞の後ろに置いて、「～の」という意味を表します。"的"の後ろの名詞が文脈ではっきりわかる場合は、省略することができます。

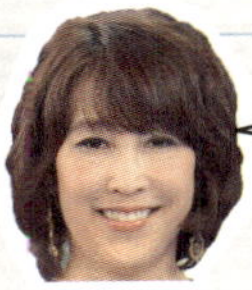

ドリルに挑戦してみましょう。

前のページで学習したことや「ヒントのカード」を参考に、①～⑧の(　　)を埋め、中国語を完成させましょう。(答えはページの下にあります)。

ヒントのカード

パスポート	腕時計	メガネ	先生、教師
hùzhào	shǒubiǎo	yǎnjìng	lǎoshī
护照	手表	眼镜	老师

学生	会社員	アメリカ人
xuésheng	gōngsī zhíyuán	Měiguórén
学生	公司职员	美国人

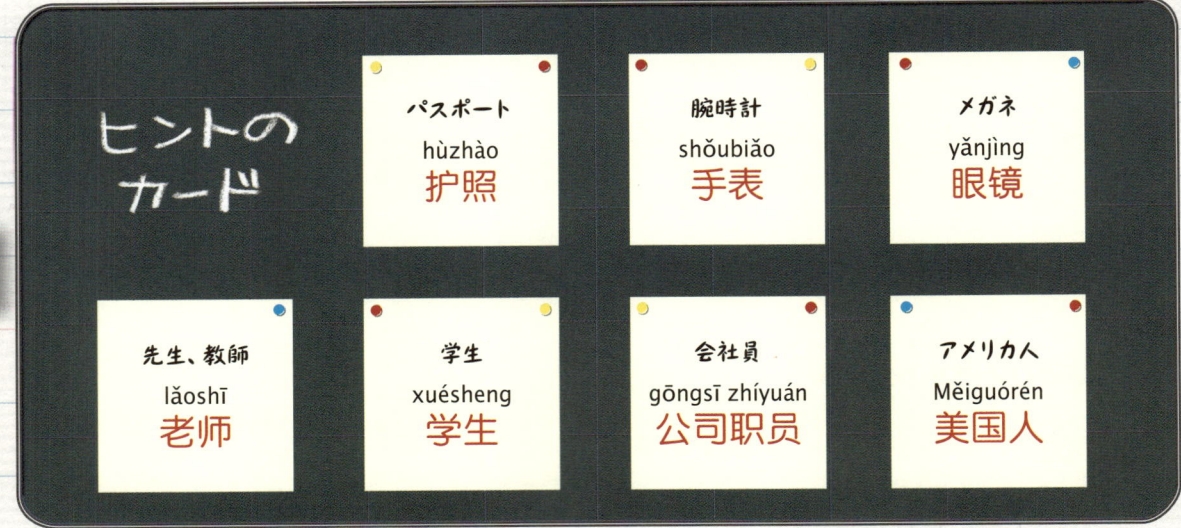

①これはあなたのパスポートですか？

这是你的护照(　　　　)？

②これはわたしの腕時計ではありません。

这(　　　　)我的手表。

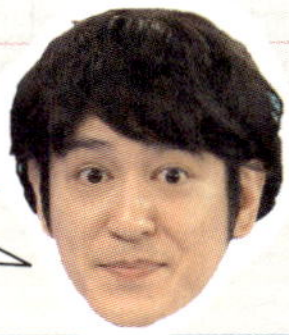

"的"で「～の」
になるんですね。

③彼は会社員です。

他(　　　　)公司职员。

④それはわたしのメガネです。

那是(　　　　)眼镜。

⑤あなたは教師ですか？

你是(　　　　)吗？

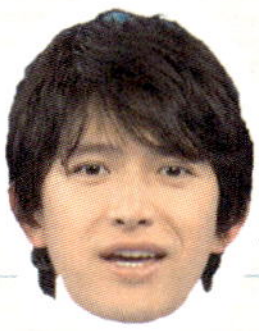

疑問文を作るときの
"吗"は必須ですよ

⑥わたしは教師ではありません。学生です。

我不是老师，我是(　　　　)。

⑦彼女はアメリカ人です。

她是(　　　　)。

⑧これはわたしのです。

这是(　　　　)。

答え

①吗　②不是　③是　④我的　⑤老师　⑥学生　⑦美国人　⑧我的

よかったね！長山社長

長山　Duìbuqǐ! Nà bú shì nǐ de shūbāo!
　　　对不起！那不是你的书包！
　　　すみません！　それはあなたのカバンではありません！

男　？

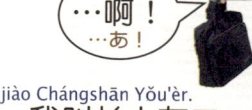
…あ！

長山　Nǐ de shūbāo shì zhèige.
　　　你的书包是这个。
　　　あなたのカバンはこれです。

長山　Zhè shì wǒ de míngpiàn. Mǎnfú diànqì gōngsī, wǒ jiào Chángshān Yǒu'èr.
　　　这是我的名片。满福电器公司，我叫长山友二。
　　　これはわたしの名刺です。満福電器の長山友二と申します。

男　Shízài shì tài bàoqiàn le. Zhè (shì) wǒ de míngpiàn.
　　　实在是太抱歉了。这（是）我的名片。
　　　大変失礼しました。わたしの名刺です。

　　　Zài Fēngtáiqū jīngyíng yì jiā diànqì língjiàn gōngchǎng.
　　　在丰台区经营一家电器零件工厂。
　　　豊台区で電器部品工場を経営しています。

長山　Qǐng duōduō guānzhào. Ō, tā shì wǒ de mìshū, jiào Duàn Wénníng.
　　　请多多关照。噢，她是我的秘书，叫段文凝。
　　　どうぞよろしくお願いします。あ、彼女はわたしの秘書で、段文凝といいます。

男　Zhè zhēn shì tài yǒuyuán le a. Yǒu jīhuì yìqǐ chī dùn fàn, zěnmeyàng?
　　　这真是太有缘了啊。有机会一起吃顿饭，怎么样？
　　　これは何かのご縁です。今度お食事でも一緒にいかがでしょう？

　　　Jīntiān shì wǒ de cuò, jiù ràng wǒ lái qǐngkè ba.
　　　今天是我的错，就让我来请客吧。
　　　今日のおわびに、ごちそうさせてください。

長山　Xièxie.
　　　谢谢。
　　　ありがとうございます。

男　Āiyā, zhēn shì xūjīng yì chǎng a……
　　　哎呀，真是虚惊一场啊……
　　　いや、本当にびっくりしました……

長山、段　(男がカバンから取り出した真っ赤なブラジャーで額の汗をふくのを見てビックリ)!!!

男　Zhè shì wǒ gěi lǎopo mǎi de lǐwù.
　　　这是我给老婆买的礼物。
　　　これは妻へのプレゼントなんです。

長山　Kànlái Zhōngguórén háishi xǐhuan hóngsè. Wǒ dǒng le.
　　　看来中国人还是喜欢红色。我懂了。
　　　やっぱり中国の方は赤が好きなんですね。わかりました。

ナレーション　长山是个热心钻研的人。
　　　どこまでも研究熱心な長山であった。

でも、ちょっと間違ってるんじゃないの、長山さ〜ん!?

主な語句

míngpiàn
名片
名刺

bàoqiàn
抱歉
申し訳なく思う

zhèige
这个
これ：目的語として使われる場合は"这"ではなく"这个"を使う

xūjīng
虚惊
むだに驚く

田中直樹、会話に挑戦します！

本を買ったんですけどね、袋ごと誰かと入れ違ったみたいなんですよ。楽しみにしていた雑誌を見ようとしたら、経済学の本が出てきて、ビックリですよ。
これから、袋の中身を確認しながら取り返しに行きます！

田中　Nǐ hǎo.
你好。
こんにちは。

段　Nǐ hǎo.
你好。
こんにちは。

田中　Zhè shì nǐ de shū ma?
这是你的书吗？
これはあなたの本ですか？

段　Zhè shì wǒ de shū, xièxie.
这是我的书，谢谢。
これはわたしの本です。ありがとう。

田中　Nà shì wǒ de shū.
那是我的书。
それはわたしの本です

段　Zhè shì nǐ de shū ma?
这是你的书吗？
これはあなたの本ですか？

田中　Duì, zhè shì wǒ de shū.
对，这是我的书。
はい。これはわたしの本です。

段　Hái yǒu yì běn.
还有一本。
もう一冊あるわ。

段　Zhè shì nǐ de shū ma?
这是你的书吗？
これはあなたの本ですか？

田中　Zhè shì tā de shū.
这是他的书。
これは彼の本です。

"好像" hǎoxiàngは「まるで…のようだ」という意味です。

这是你的书吗？
Zhè shì nǐ de shū ma?
これはあなたの本ですか？

段　Zhè shì tā de shū.
这是他的书。
これは彼の本です。

阿部　Zhèige bú shì wǒ de shū.
这个不是我的书。
僕の本じゃないです。

Zhèige shì tā de shū.
这个是他的书。
彼のですよ。

Nǐ de shū a.
你的书啊。
あなたのでしょう？

（グラギャルを押し付け合う二人）

阿部　Bù hǎoyìsi.
不好意思。
すみません。

Hǎoxiàng shì tā de shū, tā wàng le.
好像是他的书，他忘了。
どうも彼は自分の本を忘れていたみたいで。

田中　Xièxie.
谢谢。
ありがとう。

段　Xièxie.
谢谢。
ありがとう。

このコーナーの台本って、ほぼ白紙なんですよ！
この回も、どんな本が出てくるかわからずにいたら「グラギャル」ですからね。
しかも、応募者全員にオリジナルトレカプレゼントですからね!!

第3課 「何を食べる？」と質問してみよう

がんばって！長山社長　「青トウガラシの耐えられない辛さ」編

ナレーション　今天是来中国的第一个周末。长山决定请自己的部下吃饭，来到了公司附近的这家餐厅。
今日は中国に来てはじめての週末。長山は部下に食事をごちそうしようと、会社近くのレストランへやってきた。

店内。円卓に座っている。

胡　　Lǎobǎn, qǐng. Nín lái diǎn cài ba.
　　　老板，请。您来点菜吧。
　　　社長、どうぞ。注文してください。

長山　どうしよう。まったく読めない。

胡　　Jīnglǐ, nín juédìng le ma？ Zhè dùzi dōu jiào ne…….
　　　经理，您决定了吗？ 这肚子都叫呢……。
　　　社長、決まりましたか？ おなかが鳴っています……。

鄧　　Nǐ shǎo chī yí dùn bú shì duì shēntǐ gèng hǎo ma？
　　　你少吃一顿不是对身体更好吗？
　　　あなたは少しぐらい抜いたほうが体にいいんじゃない？

胡　　Nǐ shuō shénme ne！
　　　你说什么呢！
　　　何だと！

言い合う鄧と胡。

長山　みんなどんなものを食べたいんだろう？ 何でもいいのかな？
　　　……うーん、まあ適当に頼むか。

　　　Fúwùyuán！
　　　服务员！
　　　店員さん！

　　　Zhèige, zhèige, ……zhèige.
　　　这个，这个，……这个。
　　　これ、これ、……これ。

テーブルの上にずらりと並んだのは、緑の野菜料理ばかり。

胡　　Jīnglǐ, nín bú huì shì……
　　　经理，您不会是……。
　　　社長、もしかして……。

第3課

張　Chī sùshí de ba !?
吃素食的吧!?
ベジタリアン!?

段　Rìběn hǎoxiàng yǒu jù huà jiào "cǎoshíxì nánzǐ"……
日本好像有句话叫"草食系男子"……。
日本には「草食系男子」っていうことばがあるようだけど……。

鄧　Lǎobǎn, nǐ bú shì zhèige xì de ba ?
老板，你不是这个系的吧？
社長はそうじゃないですよね？

長山　Nǐmen duō chī ba, duō chī ba !
你们多吃吧，多吃吧！
みんな、たくさん食べて！　たくさん食べて！

よく見ずに目の前の料理を大口で食べる長山。

胡　Làqīngjiāo chī yí dà kǒu, tā bú pà là a !
辣青椒吃一大口，他不怕辣啊！
青トウガラシを一口であんなに！　辛くないのか！

長山　辛一い！

段　長山さん！

胡　Jīnglǐ ! Jīnglǐ !
经理！经理！
社長！　社長！

ナレーション　嘴里塞满辣青椒的长山追悔莫及，他想："那个时候要能用中文问一下大家该多好啊！"
口いっぱいに広がる青トウガラシの辛さにもだえる長山を、後悔の念が襲っていた。あのとき中国語でみんなにこう尋ねることができていれば！

みんな、何を食べる？

主な語句

diǎn cài 点菜 料理を注文する	jiào 叫 鳴る	fúwùyuán 服务员 店員	hǎoxiàng 好像 ちょうど～のようだ
dùzi 肚子 おなか	gèng 更 さらに	sùshí 素食 肉類を使わない食事	làqīngjiāo 辣青椒 青トウガラシ

今回の必須単語はコレだ！

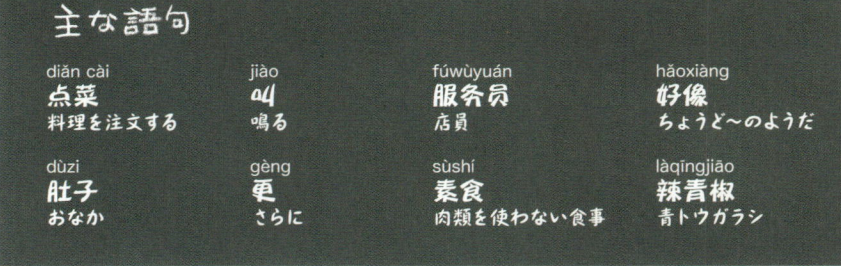

咖啡	啤酒	白酒	面包	苹果	蛋糕
kāfēi コーヒー	píjiǔ ビール	báijiǔ 白酒	miànbāo パン	píngguǒ リンゴ	dàngāo ケーキ

 陳淑梅の ときどき厳しい 文法講座

□基本の語順を知る

Wǒ hē báijiǔ.
我喝白酒。
わたしは白酒を飲みます。

Wǒ hē píjiǔ.
我喝啤酒。
わたしはビールを飲みます。

("白酒"はコウリャン・トウモロコシ・甘薯などを原料として造られた蒸留酒。中国の代表的なお酒)

Wǒ chī shuǐjiǎor.
我吃水饺儿。
わたしは水ギョーザを食べます。

日本では「ギョーザ」と言えば焼きギョーザが普通ですが、中国では水ギョーザが一般的です。焼きギョーザは"锅贴儿" guōtiēr と言います。

Tā zuò màoyì gōngzuò.
他做贸易工作。
彼は貿易の仕事をしています。

Wǒ bù xué Fǎyǔ.
我不学法语。
わたしはフランス語を勉強していません。

Nín qù Xiānggǎng ma?
您去香港吗?
あなたは香港に行きますか?

解説
日本語の基本語順は「ＳＯＶ」、つまり「主語＋目的語＋動詞」ですが、中国語は英語と同じく「ＳＶＯ」つまり「主語＋動詞＋目的語」になります。
否定文の場合は動詞の前に否定を表す副詞"不"を置きます。また、文末に疑問を表す助詞"吗"をつけると、疑問文を作ることができます。

□「何」「誰」など疑問詞を使って尋ねる

Nǐmen chī shénme?　　　　Wǒ chī miànbāo.　　　　Tā chī dàngāo.
你们吃什么？ ——— 我吃面包。 ——— 她吃蛋糕。
あなたたちは何を食べますか？　わたしはパンを食べます。　彼女はケーキを食べます。

Nín hē diǎnr shénme?
您喝点儿什么?
あなたは何かお飲みになりますか?
("点儿"は"一点儿"の"一"が省略された形で、「少し」という意味。
"点儿"をつけることによって、口調を和らげることができます)

"什么?"何？と相手に聞けると、「会話してるな」っていう手ごたえがありますよ。ぜひぜひ覚えておきたいですね。

Nǐ zuò shénme gōngzuò?
你做什么工作?
あなたはどんな仕事をしていますか?

Zhè shì shéi de shūbāo?　　　Zhè shì wǒ de shūbāo..　　　Zhè bú shì wǒ de shūbāo..
这是谁的书包？ ——— 这是我的书包。 ——— 这不是我的书包。
これは誰のカバンですか？　これはわたしのカバンです。　これはわたしのカバンではありません。

Nín qù nǎr?
您去哪儿?
あなたはどちらに行きますか?

解説
疑問詞と言えば「何、誰、どこ、いくら、いつ」など、種類がたくさんありますが、今回はまず"什么"(何)、"谁"(誰)、"哪儿"(どこ)の三つを覚えましょう。
疑問詞を使って作る疑問文は文末に"吗"はつけません。また、英語のように、疑問詞をすべて文頭に置く必要はありません。

ドリルに挑戦してみましょう。

前のページで学習したことや「ヒントのカード」を参考に、①〜⑧の（　）を埋め、中国語を完成させましょう。(答えはページの下にあります)。

① あなたは何を買いますか？

你（　　　）什么？

② わたしはコーヒーを飲みます。

我喝（　　　）。

ぼくはコーヒー好きなので、②はすぐにおぼえました。

③ あなたはリンゴを食べますか？

你（　　　）苹果吗？

④ わたしはリンゴを食べません、ケーキを食べます。

我不吃苹果，我吃（　　　）。

⑤ 田中さんは何を勉強していますか？

田中学（　　　）？

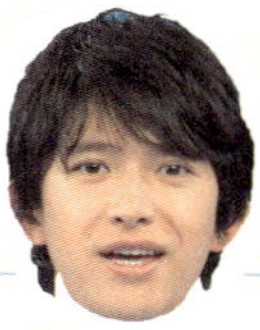

⑥ 田中さんは中国語を勉強しています。

田中学（　　　）。

⑧の質問も大事ですよ！

⑦ 誰が部屋を掃除するんですか？

谁（　　　）房间？

⑧ あなたはどこに行きますか？

你去（　　　）？

答え
①买　②咖啡　③吃　④蛋糕　⑤什么　⑥汉语　⑦打扫　⑧哪儿

# よかったね！長山社長

胡　　Jīnglǐ, nín juédìng le ma？ Zhè dùzi dōu jiào ne……
　　　经理，您决定了吗？ 这肚子都叫呢……。
　　　社長、決まりましたか？ おなかが鳴っています……。

長山　Fúwùyuán！
　　　服务员！
　　　店員さん！

　　　Nǐmen chī shénme？
　　　你们吃什么？
　　　みんな、何を食べる？

胡　　Āi, yútóubāo yào bu yào……,
　　　哎，鱼头煲要不要……，
　　　ええと、魚頭の煮込みはいるかな…、

　　　huángguā chǎoròu, háiyǒu nèige chǎo wǔhuāròu！
　　　黄瓜炒肉，还有那个炒五花肉！
　　　キュウリと肉の炒め物、それから豚バラ肉炒め！

鄧　　Zài yào ge qīngcài ba. Ng……, qīngchǎo yóucài！
　　　再要个青菜吧。 嗯……，清炒油菜！
　　　あと青菜も。うーん……、チンゲンサイの炒めもの！

張　　Háiyǒu huārén bōcài yě búcuò.
　　　还有花仁菠菜也不错。
　　　あと落花生とホウレンソウのあえものもいいですね。

段　　Tiándiǎn wǒ yào zhǔ tāngyuánr.
　　　甜点我要煮汤圆儿。
　　　デザートには、あん入りゆでだんごがいいわ。

店員　Hǎo, zhīdao le.
　　　好，知道了。
　　　はい、かしこまりました。

無事注文が終わり、長山はほっとした表情。

鄧　　Jīnglǐ, nín hē diǎnr shénme？
　　　经理，您喝点儿什么？
　　　社長、何を飲みますか？

長山　Wǒ hē……
　　　我喝……
　　　わたしは……

胡　　Báijiǔ！ Dào Zhōngguó bù néng bù hē báijiǔ！
　　　白酒！ 到中国不能不喝白酒！
　　　白酒！ 中国に来たら白酒を飲まないと！

主な語句

yútóubāo
鱼头煲
魚頭の煮込み
"煲"は深い鍋。
その鍋で「煮る」という意

huángguā chǎoròu
黄瓜炒肉
キュウリと肉の炒めもの
"黄瓜"はキュウリ

chǎo wǔhuāròu
炒五花肉
豚バラ肉の炒めもの
"五花肉"は
主に豚のバラ肉

qīngcài
青菜
青もの野菜の総称

qīngchǎo yóucài
清炒油菜
チンゲンサイの炒めもの

huārén bōcài
花仁菠菜
落花生と
ホウレンソウのあえもの

"花仁"は落花生で、"花生仁"とも言う。
"菠菜"はホウレンソウ

búcuò
不错
良い、悪くない

tiándiǎn
甜点
甘い菓子

tāngyuán
汤圆
もち米の粉で作る
一種のあん入りだんご。
ゆでて煮汁と一緒に食べる

長山
Báijiǔ……? Hǎo, wǒ hē báijiǔ!
白酒……? 好，我喝白酒！
白酒……? よし、白酒を飲むぞ！

胡
Lái, wèi Chángshān jīnglǐ gān yì bēi!
来，为长山经理干一杯！
さあ、長山社長に乾杯！

一同
Gānbēi!
干杯！
乾杯！

ナレーション
大きなグラスについだ白酒を一気に飲み干す長山。社員たちがそれを見つめている。
长山唯一的特技就是喝多少都不会醉。外号"醉不倒"。
長山には唯一の特技があった。それはいくら飲んでも酔いつぶれないこと。「うわばみ」と呼ばれていた。

胡
Zhēn gòu kěyǐ de!
真够可以的！
すごい！

Gēn Zhōngguórén yíyàng, jiǔliàng bù xiāng shàng xià!
跟中国人一样，酒量不相上下！
中国人なみの飲みっぷりだ！

張
Bú duì, bǐ Zhōngguórén hái néng……。
不对，比中国人还能……。
いや、中国人より飲めるかも……。

長山
Hǎo, gèwèi, shéi hē báijiǔ?
好，各位，谁喝白酒？
さあ、みんな、誰が白酒を飲む？

一同
Wǒ hē! Lái, gānbēi!
我喝！来，干杯！
飲もう！ さあ、乾杯！

ナレーション
你们吃什么？ 就这么简单的话，
会说与不会说结果截然不同。
长山和部下们皆大欢喜。
「何を食べる？」この簡単なひと言が
言えるだけで結果は大違い。
長山と部下たちはみんな大満足だ。

でも、飲みすぎには気をつけてね！

お酒のときのコミュニケーションは大事ですね。
日本も中国も共通なんでしょうね。
長山社長、幸せそうでよかったなぁ。

主な語句

báijiǔ
白酒
コウリャン、トウモロコシ、サツマイモなどを原料とした蒸留酒の総称

gānbēi
干杯
乾杯する

zhēn gòu kěyǐ de
真够可以的
すごい、大変よろしい

bù xiāng shàng xià
不相上下
差がない、優劣がない

"真"は「実に」、"够"は「十分に」。
"可以"は「相当なものだ」「すごい」。
"真够可以的"は慣用句として
「大したもんだね」という意味を表わす。

田中直樹、会話に挑戦します！

動物園のバックヤード、昔から憧れだったんですよ。今回、仕事の関係で入れたんですけど、飼育員の方が忙しそうで「手伝ってくれ」って。習いたての中国語を活かしてお役に立てるよう頑張ります！

主な語句

hóngshǔ 红薯 さつまいも	yùmǐ 玉米 とうもろこし
hóuzi 猴子 猿	xióng 熊 熊
	píngguǒ 苹果 りんご

田中：Nǐ hǎo.
你好。
こんにちは。

段：Nǐmen hǎo.
你们好。
こんにちは。

田中：Zhè shì nǐ de ma?
这是你的吗？
これはあなたのですか？

段：Zhèige, shì wǒ de, xièxie a.
这个，是我的，谢谢啊。
わたしのです。ありがとう！

田中：Duì le.
对了。
そうだ！

段：Wǒ zhèng mángzhe ne.
我正忙着呢。
今、手が離せないので

"着"は助詞で、動詞や形容詞の後に置き「～している」という意味を表します。話し言葉では文末に"呢"を加えることが多いです。111ページも参照ください。

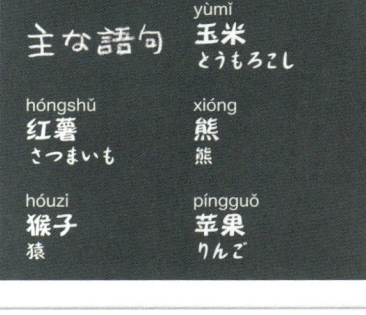

猴子 吃 红薯 吗？
Hóuzi chī hóngshǔ ma?
猿はさつまいもを食べますか？

段：Néng bu néng bāng wǒ bǎ zhèi xiē shí fàng dào kuāngli.
能不能帮我把这些食放到筐里。
餌を分けてもらえませんか？

田中：Hóuzi chī hóngshǔ ma?
猴子吃红薯吗？
猿はさつまいもを食べますか？

段：Duì! Hóuzi chī hóngshǔ.
对！猴子吃红薯。
ええ！猿はさつまいもを食べます。

ここでは"对"ではなく「そうですか」という意味の"是吗"というべきですね。

田中：Duì, duì, duì.
对、对、对。
はい、はい、はい。

さつまいもはお猿さんですね。

田中：Mǎ chī shénme?
马吃什么？
馬は何を食べますか？

段：Mǎ chī yùmǐ.
马吃玉米。
馬はとうもろこしを食べます。

田中：Xióng chī píngguǒ ma?
熊吃苹果吗？
熊はリンゴを食べますか？

段：Duì! Xióng chī píngguǒ.
对！熊吃苹果。
ええ！熊はリンゴを食べます。

田中：あら、ビールがありますよ。
Shéi hē píjiǔ ma?
谁喝啤酒吗？
誰がビールを飲みますか？

阿部：疑問詞のときは、マをつけません。

田中：Shéi hē píjiǔ?
谁喝啤酒？
誰がビールを飲みますか？

段：Wǒ de píjiǔ.
我的啤酒。
わたしのビールです。

あ、飼育員さんのですか。
この中に入れてあったんですね。
かくしてたんですかね。

段：Xièxie. Zàijiàn.
谢谢！再见。
ありがとう！さようなら！

田中：píjiǔ
啤酒
ビール

对！熊吃苹果。
Duì! Xióng chī píngguǒ.
ええ！熊はりんごを食べます

第4課 「〜してください」の言い方で注意してみる

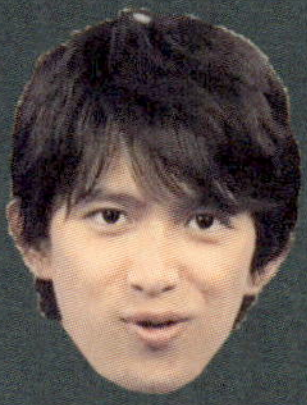

がんばって！長山社長　「社長はつらいよ」編

ナレーション　刚到北京赴任不久的长山友二。
虽说职衔是"公司经理"，长山的指挥无力可以一目了然。
北京に赴任してほどない長山友二。肩書きは「会社社長」だが、長山の指導力の無さは一目瞭然だ。

朝9時のオフィス。電気をつけるが誰もいない。

長山　……。

10時になり、ようやく張が出社。

張　Lùshang dǔchē le.
路上堵车了。
ああ、道が混んでいたんです。

10時15分に鄧が出社。

鄧　Wǒ tóuténg……
我头疼……。
頭が痛くて……。

10時30分に胡が出社。

胡　Zuówǎn hēduō le!
昨晚喝多了！
夕べ飲みすぎちゃいました！

ナレーション　长山火冒三丈。
長山は激しく怒っている。

鄧が会社の電話で昨夜見たドラマの話をしている。

鄧　Tā kěndìng bèi shuǎi le!　Méi cuò!
他肯定被甩了！　没错！
彼絶対ふられるよね！　間違いないって！

Hǎo, xiàbān yíkuàir chīfàn.
好，下班一块儿吃饭。
うん、仕事が終わったら一緒にご飯食べよう。

鄧、長山を一べつするが気にもかけない。内心さらに怒る長山。

長山　あ、張さん。例の件、紅山電器から返事は？

段　Hóngshān diànqì gōngsī hái méiyǒu huíxìnr ma?
　　红山电器公司还没有回信儿吗？
　　紅山電器からまだ返事はないのかって。

張　Ò, nèi jiàn shìr a, yǐjīng dǎ diànhuà fā dìngdān le.
　　哦，那件事儿啊，已经打电话发订单了。
　　あ、その件は、もう先方に電話して発注しました。

段　もう発注したそうです。

長山　え？　聞いてないけど！　なぜ報告しない？！

段　Jīnglǐ wèn wèi shénme méiyou huìbào.
　　经理问为什么没有汇报。
　　社長が、何で報告しなかったのかって。

張　Kànle kèhù de bàojiàdān zhī hòu, wǒ juéde méi shénme wèntí,
　　看了客户的报价单之后，我觉得没什么问题，
　　先方の見積もりを見て、特に問題がなかったので、

　　jiù méiyou huìbào a.
　　就没有汇报啊。
　　報告しませんでした。

　　Huà shuōhuilai, zhème diǎnr xiǎoshìr yě yào yí jiàn yí jiàn de huìbào,
　　话说回来，这么点儿小事儿也要一件一件地汇报，
　　そもそも、このような小さなこともいちいち報告するのは、

　　shì bu shì yǒudiǎnr dānwu shíjiān a?
　　是不是有点儿耽误时间啊？
　　時間の無駄ではありませんか？

長山　社長であるわたしを何だと思っているのか！

ナレーション　长山的愤怒到了极点。只见他两眼一翻、一下子背过气去了。
　　長山の怒りは頂点に達し、そして両目をひっくり返して気絶した。

段　社長！　社長！　しっかり！　しっかり！

ナレーション　听着远处秘书的呼喊声，长山想。「此时此刻，要是能用中文冷静地警告一下对方该多好啊……。
　　遠ざかる秘書の叫び声を聞きながら、長山は思った。

こんなとき、中国語で冷静に注意できたらなぁ～！

第4課

主な語句

dǔchē 堵车 渋滞する	xiàbān 下班 退勤する	diànhuà 电话 電話	kèhù 客户 取引先
tóuténg 头疼 頭痛	chīfàn 吃饭 ご飯を食べる	dìngdān 订单 注文書	bàojiàdān 报价单 見積書
kěndìng 肯定 必ず、疑いなく	huíxìn 回信 返事を出す	huìbào 汇报 報告する	dānwu 耽误 遅らせる、滞らせる

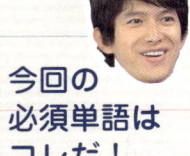

今回の必須単語はコレだ！

进	脱鞋	坐	接电话	看电视	看书
jìn	tuō xié	zuò	jiē diànhuà	kàn diànshì	kàn shū
入る	靴を脱ぐ	座る	電話に出る	テレビを見る	本を読む

陳淑梅の ときどき厳しい 文法講座

第4課

□「～してください」と言う

丁寧に「どうぞ～してください」と言うときの表現を覚えましょう。

请 ＋ 動詞（動詞フレーズ）

Qǐng jìn.
请进。
どうぞお入りください。

Qǐng tuō xié.
请脱鞋。
どうぞ靴をお脱ぎください。

Qǐng zuò.
请坐。
どうぞお座りください。

Qǐng hē chá.
请喝茶。
どうぞお茶を飲んでください。

Qǐng nǐ míngtiān ànshí shàngbān.
请你明天按时上班。
明日は時間通りに出社してください。
("按时"は副詞で、「時間通りに」という意味)

Qǐng měitiān xiàng wǒ huìbào.
请每天向我汇报。
毎日わたしに報告してください。
("向"は前置詞で、動作の向う方向を表します。"汇报"は動詞で「報告する」)

> 中国人はふつう、家では靴を脱ぐ習慣はありません。うっかり土足で玄関を上がってしまった場合には、このように注意してあげてください。

解説
"请"は「どうぞ～してください」という意味を表します。動詞フレーズの前に置いて相手に丁寧に頼み進めることができます。このほか、"请！"（どうぞ！）と単独で用いることもできます。

□命令する

命令文を勉強しましょう。

Zuò.
坐。
座って。

Nǐ kàn diànshì ba.
你看电视吧。
テレビを見てて。

Āi！Tuō xié！
哎！脱鞋！
あ！靴を脱いで！

Hǎohāor gàn！
好好儿干！
しっかりやって！

Jiē diànhuà！
接电话！
電話に出て！

Nǐ huíqu ba!
你回去吧！
家に帰りなさい！

解説
中国語は英語と同じように、動詞や動詞フレーズで始まる文は命令文になります。また、二人称"你"や"你们"で始まる文も命令文になります。文末に"吧"をつけると、口調を和らげることができます。

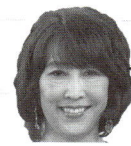

ドリルに挑戦してみましょう。

前のページで学習したことや「ヒントのカード」を参考に、①～⑧の(　　)を埋め、中国語を完成させましょう。(答えはページの下にあります)。

ヒントのカード

言う	～まで行く	本を読む	休む
shuō 说	dào 到	kàn shū 看书	xiūxi 休息
車に乗る	**領収書を書く**	**サインする**	**果物を食べる**
shàng chē 上车	kāi fāpiào 开发票	qiānzì 签字	chī shuǐguǒ 吃水果

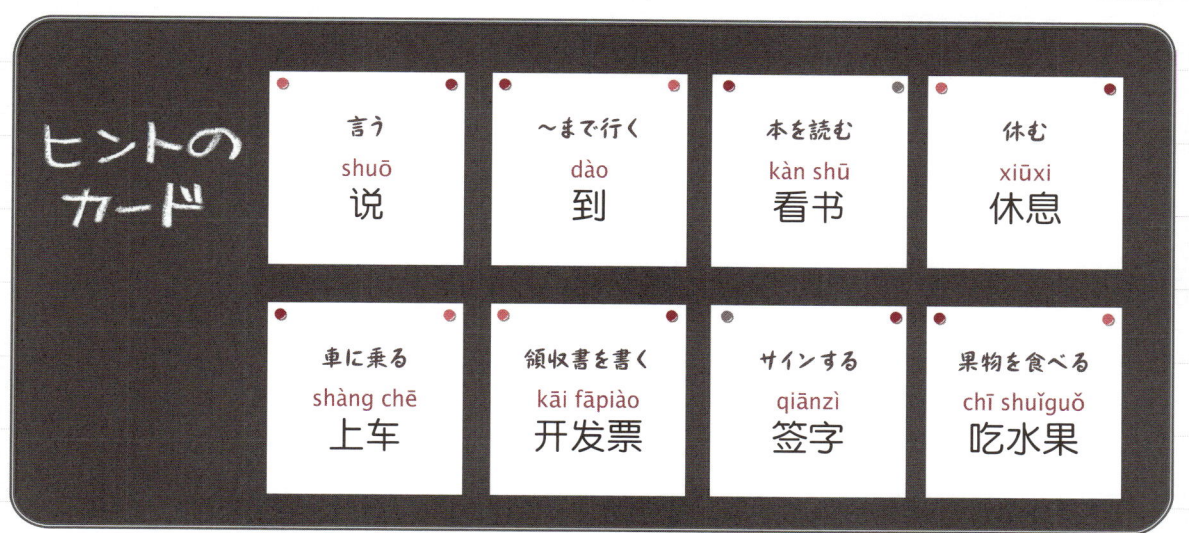

①もう一度言ってください。

请再(　　　　)一遍。

②領収書をください。

(　　　　)开发票。

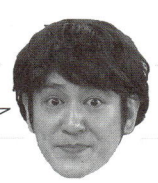

⑧はタクシーに乗るときに必須ですね。

③どうぞ果物を食べてください。

请(　　　　)水果。

④本を読んでください。

请看(　　　　)。

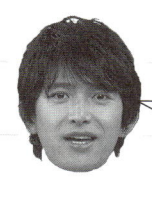

②も必須です！
これが言えないと
自腹ですよ～！

⑤どうぞ(車に)お乗りください。

请(　　　　)。

⑥サインして。

(　　　　)吧。

⑦よく休みなさい。

好好儿(　　　　)。

⑧王府井までお願いします。

请(　　　　)王府井。

※"王府井"は北京中心部にある繁華街

答え
①说　②请　③吃　④书　⑤上车　⑥签字　⑦休息　⑧到

 **よかったね！長山社長**

胡　Zuówǎn hēduō le !
　　昨晚喝多了！
　　夕べ飲みすぎちゃいました！

長山、すっと胡に近づいて、

長山　Wǒ zǎoshang yě bú yuànyì qǐchuáng.
　　我早上也不愿意起床。
　　わたしも朝は苦手だ。

Kěshì nǐ bú zài, huì yǒu hěn duō máfan.
可是你不在，会有很多麻烦。
でも君がいないと面倒なことが多い。

Qǐng nǐ míngtiān ànshí shàngbān.
请你明天按时上班。
明日は時間通り出社してください。

胡　Wǒ míngbai.
　　我明白。
　　わかりました。

鄧　Kàn le ! Xiàzhōu shì zuìhòu yì jí ba ?
　　看了！下周是最后一集吧？
　　見た！ 来週最終回でしょ？

Tā kěndìng bèi shuǎi le ! Méi cuò ! Hǎo a. Tài hǎo le !
他肯定被甩了！没错！ 好啊。太好了！
絶対ふられるよ！ 間違いないって！ うん。よかった！

堂々と私用電話をする鄧の後ろに忍び寄る長山。

長山　《Xióngmāo nánzǐ de jiéhūn jìhuà》......diànshìjù pāide hěn yǒu yìsi.
　　『熊猫男子的结婚计划』……电视剧拍得很有意思。
　　『パンダ男の結婚計画』……とても面白いドラマだ。

Wǒ yě měixīngqī dōu kàn.
我也每星期都看。
わたしも毎週見ている。

Dànshì, shàngbān de shíhou jiǎng zhèixiē, shíjiān tài kěxī le.
但是，上班的时候讲这些，时间太可惜了。
でも、勤務時間中にこのような話をするのは、時間がもったいない。

Qǐng nǐ xiàbān yǐhòu zài liáo hǎo bu hǎo ?
请你下班以后再聊好不好？
おしゃべりは仕事が終わってからにしてもらえるかな？

Qǐng nǐ guàdiào diànhuà ba.
请你挂掉电话吧。
電話を切ってください。

鄧　Wǒ gǎitiān zài dǎgěi nǐ a, bàibài, bàibài.
　　我改天再打给你啊，拜拜，拜拜。
　　また改めて電話するわ、バイバイ。

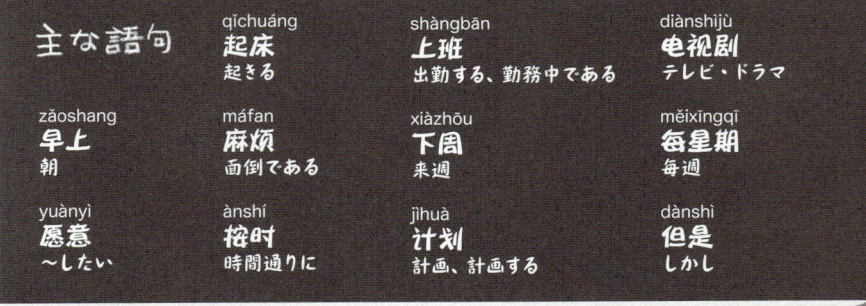

張　

Huà shuōhuílai, zhème diǎnr xiǎoshìr yě yào yí jiàn yí jiàn de huìbào,
话说回来，这么点儿小事儿也要一件一件地汇报，
そもそも、このような小さなこともいちいち報告するのは、

shì bu shì yǒudiǎnr dānwu shíjiān a？
是不是有点儿耽误时间啊？
時間の無駄ではありませんか？

長山　

Děng yíxià.
等一下。
ちょっと待ちなさい。

張　……？

長山　

Sùdù quèshí hěn zhòngyào,
速度确实很重要，
確かにスピードは重要です。

長山　

dànshì fángzhǐ chūcuò yě tóngyàng fēicháng zhòngyào.
但是防止出错也同样非常重要。
しかし間違いを防止することも同じぐらい重要です。

Wǒ xiāngxìn nǐ de gōngzuò nénglì.
我相信你的工作能力。
わたしはあなたの仕事ぶりを信頼しています。

Zhèng yīnwèi wǒ yào zhèngquè píngjià nǐ de gōngzuò,
正因为我要正确评价你的工作，
その仕事ぶりを正しく評価するためにも、

suǒyǐ qǐng měitiān xiàng wǒ huìbào.
所以请每天向我汇报。
毎日わたしに報告してください。

張　

Míngbai le. Wǒ yídìng měitiān xiàng nín huìbào.
明白了。我一定每天向您汇报。
わかりました。必ず毎日報告いたします。

段　すごい！　さすが長山社長！　見直しました。

長山　いやいや。

段　カッコいい！

ニヤニヤ顔で突っ伏して寝ている長山。

あらら…、夢の中だったのね！

ナレーション　长山在梦中说着一口流利的中文，加油啊。
夢の中では流ちょうな中国語を話している長山、頑張れ。

主な語句

kěxī **可惜** 惜しい	quèshí **确实** 確実である、間違いなく	yīnwèi ~, suǒyǐ..... **因为～，所以…** ～なので、だから…	píngjià **评价** 評価する
liáo **聊** 雑談する	chūcuò **出错** 間違いが起こる	zhèngquè **正确** 正しい	yídìng **一定** 必ず、きっと

田中直樹、会話に挑戦します！

タクシーに乗って人民公園に行き、
降りる時に領収書をもらう…これが今回の指令です。
「～してください」の表現を勉強したので、
運転手さんにきちんと伝えてみせますよ！

主な語句	fāpiào 发票 領収書
Rénmín gōngyuán 人民公园 人民公園	kāi fāpiào. 开发票 領収書を出す

田中　Nǐ hǎo.
　　　你好。
　　　こんにちは。

段　　Nǐmen hǎo. Qǐng shàng chē ba.
　　　你们好。请上车吧。
　　　こんにちは。どうぞ乗車してください。

田中　Qǐng dào Rénmín gōngyuán.
　　　请到人民公园。
　　　人民公園まで行ってください。

段　　Rénmín gōngyuán.
　　　人民公园。
　　　人民公園。

田中　Hǎo, chūfā la.
　　　好，出发啦。
　　　はい、出発します。

段　　Nǐmen shì něi guó rén a?
　　　你们是哪国人啊？
　　　どこの国の人ですか？

田中　Zài shuō yí biàn.
　　　再说一遍。
　　　もう一度言って。

段　　Nǐmen shì něi guó rén?
　　　你们是哪国人？
　　　どこの国の人ですか？

田中　Wǒ shì Rìběnrén.
　　　我是日本人。
　　　私は日本人です。

段　　Nǐ shì Rìběnrén a.
　　　你是日本人啊。
　　　日本人ですか。

田中　Wǒ jiào Tiánzhōng Zhíshù.
　　　我叫田中直树。
　　　田中直樹と申します。

段　　Nǐ jiào Tiánzhōng Zhíshù.
　　　你叫田中直树？
　　　田中直樹さんというの？

田中　Duì.
　　　对。
　　　はい。

段　　Zhōngwén búcuò.
　　　中文不错。
　　　中国語上手ですね。

田中　Duì!
　　　对！
　　　そうです。

ここでは
「いいえ、まだまだです」
という意味の"您过奖了"
Nín guòjiǎng le.
と言うといいですよ！

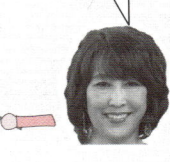

段　　Dào le, jiù shì zhèr.
　　　到了，就是这儿。
　　　着きました。ここです。

田中　Xièxie.
　　　谢谢。
　　　ありがとう。

段　　Xièxie.
　　　谢谢。
　　　ありがとう。

そういう言い方が
あるんですね！
覚えておきます！

田中　Qǐng kāi fāpiào.
　　　请开发票。
　　　領収書を書いてください。

段　　Fāpiào. Hǎo, shāo děng.
　　　发票。好，稍等。
　　　領収書。はい、少々おまちください。

田中　あれ、阿部ちゃん、ここ乗ったとこですよね。
　　　乗る必要なかったよね。

阿部　もともと動いてなかったってことですよね。

田中　めちゃくちゃだね、ちょっと。

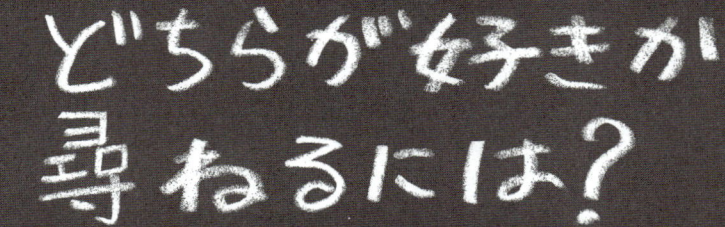

第5課 AかB、どちらが好きか尋ねるには？

がんばって！長山社長　「弁当と社食のあいだ」編

ナレーション　这里是北京郊外住宅区,新兴住宅楼栉比鳞次。这一天长山他们为了开发打入中国市场的新产品,进行家庭访问调查。随着中间富裕阶层的增加,中国的家电市场在不断扩大。掌握这个阶层的生活状况,是开发畅销商品的关键。

新興マンションが立ち並ぶ北京郊外の住宅街。長山たちはこの日、中国市場への新商品開発に向けて、一般家庭の訪問調査を行っている。中国の家電マーケットは中間所得層の増加に伴い拡大している。中間層の暮らしぶりを把握することが、ヒット商品開発のカギだ。

一般家庭の台所。室内の様子を撮る長山。強そうな妻と気弱そうに見える夫。夫婦立会いのもと、冷蔵庫の幅をはかっている胡。

胡
Tīngshuō,
听说,
聞いたところによると、

mǒu Rìzī qǐyè duì Zhōngguó jiātíng jìnxíng chèdǐ diàochá zhī hòu,
某日资企业对中国家庭进行彻底调查之后,
ある日系企業が徹底的に中国の家庭を調査して、

kāifāchūle yì zhǒng bǐ shíjì kuāndù zhǎi shí gōngfēn de bīngxiāng,
开发出了一种比实际宽度窄十公分的冰箱,
従来よりも幅が10センチほど狭い冷蔵庫を発売したところ、

jiéguǒ xiāoliàng shì qián yì nián de shí bèi.
结果销量是前一年的十倍。
結果、売り上げが前年の10倍になったらしい。

段
Zhè shì wèi shénme ne?
这是为什么呢?
それはなぜ？

主な語句

tīngshuō 听说 聞くところによると	chèdǐ 彻底 徹底的に	zhǎi 窄 狭い
mǒu Rìzī qǐyè 某日资企业 ある日系企業	diàochá 调查 調査する	bīngxiāng 冰箱 冷蔵庫
jìnxíng 进行 進める、行なう	kuāndù 宽度 幅	xiāoliàng 销量 販売量

第5课

胡　Yīnwèi Zhōngguó de chúfáng shèjide dōu bǐjiào zhǎi.
因为中国的厨房设计得都比较窄。
中国の台所はつくりが狭いからだ。

Yǒu bù shǎo jiātíng yīnwèi fàngbuxià, zhǐhǎo bǎ bīngxiāng fàngdàole kètīngli.
有不少家庭因为放不下，只好 把冰箱放到了客厅里。
入りきらないから冷蔵庫をリビングに置くしかない家庭も少なくないんだ。

Jiù shì zhuāzhùle zhèige jīhuì.
就是抓住了这个机会。
そこでこのチャンスをつかんだんだね。

段　Yuánlái shì zhèyàng a.
原来是这样啊。
なるほどね。

床に置いてあるエアコンに興味をもつ長山。
長山　ん？こういう床置きのエアコンは日本の家庭ではあまり見ないな。

段　Shì ma？ Nà, nín dāngchū wèi shénme xuǎn zhèige kuǎnshì de ne？
是吗？那，您当初为什么选这个款式的呢？
そうなんですか？ じゃあ、あなたはなぜこのタイプを選んだのですか？

妻　Wèi shénme……, hǎokàn bei！
为什么……，好看呗！
なぜって……、カッコいいじゃない！

夫　…Mǎi de shíhou hái tǐng guì de ne.
…买的时候还挺贵的呢。
…買ったときは高かったけどね。

胡　Duìyú Zhōngguórén lái jiǎng,
对于中国人来讲，
中国人にとって、

jiādiàn yě shì shēnfen de xiàngzhēng.
家电也是身份的象征。
家電製品はステータスでもある。

Suīrán guì dàn gōngnéng qíquán de shāngpǐn zhī suǒyǐ màide hǎo,
虽然贵但功能齐全的商品之所以卖得好，
高くても多機能なものが売れるのも、

gēn xiāofèizhě xiǎngyào xuànyào zìjǐ gòumǎi de xīnlǐ yǒu hěn dà de guānxi.
跟消费者想要炫耀自己购买的心理有很大的关系。
消費者の、人に見せたいっていう購買心理が大きいかもね。

長山　購買の動機は便利さだけではなさそうだ。
中国人の生活をもっと調べなければ。ん、これは？

妻　Ā, zhèige, shì wǒ xiānsheng de fànhé.
啊，这个，是我先生的饭盒。
ああ、これは夫の弁当箱です。

主な語句

chúfáng 厨房 台所	zhuāzhù 抓住 しっかりとつかむ	hǎokàn 好看 (見て)美しい、きれいである	xuànyào 炫耀 見せびらかす
shèjì 设计 設計する	dāngchū 当初 最初	tǐng 挺 とても、なかなか	guānxi 关系 関係、つながり
kètīng 客厅 リビング	kuǎnshì 款式 デザイン	xiàngzhēng 象征 象徴する	fànhé 饭盒 弁当箱

夫　*Wǒmen gōngchǎng dài fàn de rén hěn duō.*
我们工厂带饭的人很多。
わたしたちの工場では弁当を持っていく人が多いんです。

妻　*Wǒ xiānsheng ne, tā bù tiāoshí.*
我先生呢，他不挑食。
夫はね、好き嫌いがなくて、なんでも食べるの。

Zhè kě gěi wǒ shěngle bù shǎo shìr.
这可给我省了不少事儿。
手間がかからないのよ。

夫　*Mǎizhe chī yě kěyǐ, zhōngwǔ shítáng páiduì de rén tèbié duō.*
买着吃也可以，中午食堂排队的人特别多。
買って食べてもいいけど、お昼の食堂は並ぶ人が多くてね。

suǒyǐ háishi dài fàn hǎo.
所以还是带饭好。
だから弁当箱を持っていっているんだ。

力なく笑う夫。

長山　……

ナレーション　长山听说在中国也有盒饭，越发显示出兴趣。
中国でも弁当があると聞いて、長山はますます興味を抱いた。

玄関先で、悲しげな笑顔を浮かべる夫。

ナレーション　不过，男主人真的喜欢吃盒饭吗？ 长山认为男主人那悲哀的笑容后面隐藏着对新产品的期待。若是能用中文问一下…。
でもご主人は本当にお弁当が好きなのだろうか？長山は主人の寂しげな笑顔の奥に、新製品へのヒントが隠されている気がしてならなかった。もし、中国語でこう聞けたなら……。

弁当が好きですか？
それとも食堂のご飯が好きですか？

第5課

主な語句

gōngchǎng	tiāoshí	zhōngwǔ	páiduì
工厂	挑食	中午	排队
工場	食べ物に好き嫌いがある	昼	列に並ぶ

今回の必須単語はコレだ！

猫	狗	熊猫	老鼠	看电影	听音乐	踢足球
māo	gǒu	xióngmāo	lǎoshǔ	kàn diànyǐng	tīng yīnyuè	tī zúqiú
ネコ	イヌ	パンダ	ネズミ	映画を見る	音楽を聴く	サッカーをする

陳淑梅の ときどき厳しい 文法講座

□ 好みを言う

主語＋"喜欢"＋名詞

Wǒ xǐhuan māo, bù xǐhuan gǒu.
我喜欢猫，不喜欢狗。
わたしはネコが好きで、イヌは好きではありません。

Wǒ hěn xǐhuan Jīngdū.
我很喜欢京都。
わたしは京都がとても好きです。

主語＋"喜欢"＋動詞フレーズ

Tā hěn xǐhuan dǎ gāo'ěrfūqiú.
他很喜欢打高尔夫球。
彼はゴルフをするのがとても好きです。

Nǐ xǐhuan dǎ pīngpāngqiú ma？
你喜欢打乒乓球吗？
あなたは卓球をするのが好きですか？

Wǒ xǐhuan chī shítáng de fàn.
我喜欢吃食堂的饭。
わたしは食堂のご飯を食べるのが好きです。

解説

"喜欢"は動詞で、「〜を好む」「〜が好きである」という意味。目的語は名詞のほかに、動詞フレーズや形容詞フレーズなどをとることもできます。また、前に"很" hěn（とても）などの副詞を置くこともできます。趣味や好みを言うときに必ず使うことばです。

□ 「AかBか」と尋ねる

A＋"还是"＋B？

Nǐ xǐhuan māo, háishi xǐhuan gǒu？
你喜欢猫，还是喜欢狗？
あなたはネコが好きですか、それともイヌが好きですか？

Nǐ zuò huǒchē qù, háishi zuò fēijī qù？
你坐火车去，还是坐飞机去？
あなたは電車で行きますか、それと飛行機で行きますか？

Nǐ xǐhuan dǎ gāo'ěrfūqiú, háishi dǎ pīngpāngqiú？
你喜欢打高尔夫球，还是打乒乓球？
あなたはゴルフをするのが好きですか、それとも卓球をするのが好きですか？
（"还是"の後ろのBの部分では、述語動詞が省略される場合もあります。この例文では"喜欢"が省略されています。）

Nǐ xǐhuan chī héfàn, háishi chī shítáng de fàn？
你喜欢吃盒饭，还是吃食堂的饭？
あなたは弁当を食べるのが好きですが、それとも食堂のご飯を食べるのが好きですか？
（この例文でもBの部分も述語動詞"喜欢"が省略されています。）

> "坐"は「乗り物に乗る」という意味です。
> ちなみに、座席がなくて立っていても "坐"といいます。
> 「エレベーターに乗る」も "坐电梯" zuò diàntī といいます。

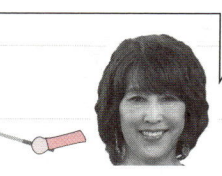

解説

"还是"は「それとも」という意味。「A＋"还是"＋B」の形で、二者択一の選択疑問文を作ります。"还是"を使う疑問文の文末には"吗"をつけません。
また、述語動詞が"是"の場合は"还是"の後ろに"是"は置きません。たとえば「あなたは日本人ですか、それとも中国人ですか？」は"×你是日本人，还是是日本人？"ではなく"你是日本人，还是日本人？"となります。

ドリルに挑戦してみましょう。

前のページで学習したことや「ヒントのカード」を参考に、①〜⑧の（　）を埋め、中国語を完成させましょう。(答えはページの下にあります)。

ヒントのカード

パンダ	ネズミ	日本人
xióngmāo 熊猫	lǎoshǔ 老鼠	Rìběnrén 日本人

韓国人	料理を作る	サッカーをする	日本料理を食べる
Hánguórén 韩国人	zuò cài 做菜	tī zúqiú 踢足球	chī Rìběncài 吃日本菜

中国料理を食べる	音楽を聴く	ゲームで遊ぶ	マンガを読む
chī Zhōngguócài 吃中国菜	tīng yīnyuè 听音乐	wánr yóuxì 玩儿游戏	kàn mànhuà 看漫画

第5課

①わたしはパンダが好きです。
我喜欢（　　　）。

②わたしはネズミが好きではありません。
我（　　　）喜欢（　　　）。

「それとも」は"还是"。これが言えると結構うれしいです。「中国語しゃべれてる感」がありますよ！

③あなたは料理を作るのが好きですか？
你喜欢做菜（　　　）？

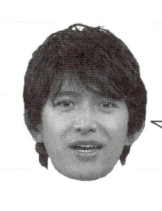

④わたしはサッカーをするのが好きです。
我喜欢（　　　）。

"喜欢"もよく使うので、しっかり覚えてくださいね！

⑤あなたは日本人ですか、それとも中国人ですか？
你是日本人，（　　　）中国人？

⑥あなたは日本料理を食べるのが好きですか、それとも中国料理を食べるのが好きですか？
你喜欢吃日本菜，还是（　　　）？

⑦あなたはゲームで遊ぶのが好きですか、それともマンガを読むのが好きですか？
你喜欢（　　　），还是看漫画？

⑧わたしは音楽を聴くのが好きです。
我喜欢（　　　）。

答え
①熊猫　②不，老鼠　③吗　④踢足球　⑤还是
⑥吃中国菜　⑦玩儿游戏　⑧听音乐

よかったね！長山社長

玄関先で。悲しげな夫の笑顔。突然ドアが閉まるのを止める長山。

長山
…..Nèige.
……那个。
……あの。

妻
Shénme？
什么？
なんですか？

長山
Nǐ xǐhuan chī héfàn, háishi (chī) shítáng de fàn？
你喜欢吃盒饭，还是(吃)食堂的饭？
弁当が好きですか、それとも食堂のご飯が好きですか？

妻
…..Nǐ shénme yìsi？
…你什么意思？
…どういう意味？

長山
Nǐ xǐhuan chī héfàn, háishi xǐhuan chī shítáng de fàn？
你喜欢吃盒饭，还是喜欢吃食堂的饭？
弁当が好きですか、それとも食堂のご飯が好きですか？

夫が、怒って口を開こうとする妻に先んじて。

夫
Wǒ xǐhuan chī shítáng de fàn.
我喜欢吃食堂的饭。
食堂のご飯を食べるのが好きです。

妻
Shénme!？ Nǐ shì shuō wǒ zuò de fàn bù hǎochī, shì ma？ Á!？
什么！？ 你是说我做的饭不好吃，是吗？ 啊！？
なんですって！？ わたしの作ったご飯はまずいっていう意味？ え!？

夫
Bú shì zhème huí shìr！ Wèntí dōu zài fànshang！
不是这么回事儿！ 问题都在饭上！
そんなことじゃないんだ！ 問題はご飯だ！

Gōngchǎng zhǐ yǒu yì tái wēibōlú, páiduì rè fàn de rén yòu hěn duō.
工厂只有一台微波炉，排队热饭的人又很多。
工場にはレンジが1台しかなくて、ご飯を温めるのに列に並ぶ人が多いんだ。

Shéi yuànyì tiāntiān chī liáng fàn！
谁愿意天天吃凉饭！
誰が毎日冷たいご飯なんて食べたいと思うんだ！

妻
Nǐ gǎn zhème shuō！ Nǐ！
你敢这么说！ 你！
よくもそんなことを！ あなた！

夫
Wǒ shòubuliǎo le！ Wǒ yào chī gāng chū guō de rè fàn！
我受不了了！ 我要吃刚出锅的热饭！
もういやだ！ 炊きたての温かいご飯が食べたい！

妻
Bìzuǐ!
闭嘴！
お黙り！

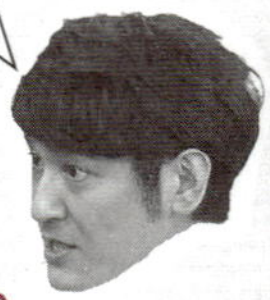

妻と夫を引き離そうとする胡と段。一人思索にふける長山。

ナレーション
就在这时，长山找到了开发新产品的重大线索！
このとき、長山は新製品開発に向けて大きなヒントを得た！

ちょっと、とめずに帰っちゃうの？　長山さ〜ん。

困りましたね……
弁当と社食、週に半々にしたらどうでしょう？

主な語句

wēibōlú	shòubuliǎo	bìzuǐ
微波炉	受不了	闭嘴
電子レンジ	耐えられない	口をつぐむ、黙る

田中直樹、会話に挑戦します！

弁当が耐えられない旦那さん、いろいろ我慢してたんでしょうね～。さて、今日は我が家にお客さんが来ます。準備は完璧です。「AかBか」の表現や好みを尋ねる表現を使って、おもてなしに挑戦です！

ピンポーン♪

田中　Qǐng jìn!
　　　请进！
　　　どうぞ中へ。

阿部　Hǎo.
　　　好。
　　　はい。

三人　Nǐ hǎo.
　　　你好。
　　　こんにちは。

你 喜欢 喝 啤酒 还是 喝 葡萄酒？
Nǐ xǐhuan hē píjiǔ háishi hē pútaojiǔ?
ビールが好きですか　それともワインが好きですか？

田中　Qǐng zuò!
　　　请坐！
　　　座ってください。

阿部、段　Xièxie.
　　　谢谢。
　　　ありがとう。

田中　Nǐmen hē shénme?
　　　你们喝什么？
　　　何を飲みますか？

段　　Yǒu shénme ya?
　　　有什么呀？
　　　何があるの？

田中　Nǐ xǐhuan hē píjiǔ,
　　　你喜欢喝啤酒，
　　　ビールが好きですか、

　　　háishi hē pútaojiǔ?
　　　还是喝葡萄酒？
　　　それともワインが好きですか？

段　　Wǒ xiǎng hē pútaojiǔ.
　　　我想喝葡萄酒。
　　　ワインが飲みたいです。

田中　ワインですね。どうぞ。

段　　Xièxie.
　　　谢谢。
　　　ありがとう。

田中　Bú kèqi!
　　　不客气。
　　　どういたしまして。

田中　Nǐmen xǐhuan tīng yīnyuè háishi tī zúqiú?
　　　你们喜欢听音乐，还是踢足球？
　　　音楽を聴くのが好き？それともサッカーが好き？

阿部　Nǐ juéde ne?
　　　你觉得呢？
　　　君はどう？

段　　Kěshì wǒ dùzi è le.
　　　可是我肚子饿了。
　　　だけど私おなかがすいちゃった。

　　　Yǒu méiyǒu shénme hǎochī de?
　　　有没有什么好吃的？
　　　なにか食べたいな。

阿部　彼女、おなかがすいたから
　　　なにか食べたいと言ってるんですけど。

田中　食べに行きましょうか。

阿部　近くに何かありますか？

田中　Nǐmen xǐhuan chī Zhōngguócài háishi chī Rìběncài?
　　　你们喜欢吃中国菜，还是吃日本菜？
　　　中国料理が食べたいですか？日本料理が食べたいですか？

阿部　Rìběncài ba?
　　　日本菜吧？
　　　日本料理は？

段　　Rìběncài. Xíng, wǒ yě xiǎng chī.
　　　日本菜。行，我也想吃。
　　　日本料理ね。いいわ、食べたい。

阿部　Rìběncài.
　　　日本菜。
　　　日本料理。

　　　Zǒu ba.
　　　走吧。
　　　行こう。

田中　店知ってます？

阿部　え!?　知らないんですか？

"行"はここでは「よろしい」「OK」という意味です。"行"のかわりに"好的" hǎodeという言い方もできますよ。

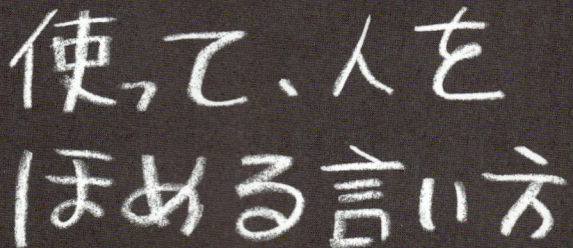

第6課 形容詞を使って、人をほめる言い方

がんばって！長山社長　「工場長のおだて方教えます」編

ナレーション
满福电器面向中国市场的新产品设计图已经完成了。员工们正在热烈地切磋着生产计划。
満福電器が中国市場に売り出す新製品の設計図が完成した。社員たちは熱心に生産計画を練っている。

段
Mùbiāo jiù shì gōngrén.
目标就是工人。
ターゲットは工場労働者。

Hěn duō rén zhōngwǔ dōu dài fàn, dànshì shéi yě bú yuànyì chī lěng fàn,
很多人中午都带饭，但是谁也不愿意吃冷饭，
多くの人がお昼にお弁当を持参しますが、誰も冷たいご飯は食べたくない。

yě bú yuànyì pái cháng duì děngzhe rè fàn.
也不愿意排长队等着热饭。
温めるために長い順番待ちもしたくない。

Jiějué zhèige wèntí de guānjiàn jiù zài zhèr.
解决这个问题的关键就在这儿。
この問題を解決する鍵がこれ。

段
Zhǐyào bǎ mǐ, cài hé ròu fàngjinqu, jiù néng zuòchu rèhūhū de héfàn.
只要把米、菜和肉放进去，就能做出热乎乎的盒饭。
お米、野菜とお肉を入れるだけで熱々のお弁当ができあがります。

Zhè jiù shì xīnxíng biànxiéshì héfànjī！
这就是新型便携式盒饭机！
これこそ新型簡単携帯型弁当機！

胡
Zhèige chǎnpǐn zhēn méi jiànguo……．
这个产品真没见过……。
こんな商品、かつて見たことがない……。

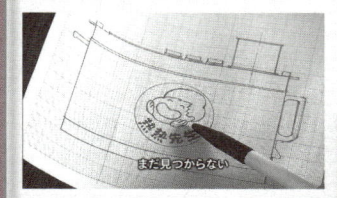

張
Dàbùfen língpèijiàn yǐjīng zhǎodàole gōngyìngshāng…….
大部分零配件已经找到了供应商……。
大部分の部品は発注先が決まったが……。

主な語句

mùbiāo 目标 目標、ターゲット	děng 等 待つ	guānjiàn 关键 鍵
gōngrén 工人 工場労働者	jiějué 解决 解決する	rèhūhū 热乎乎 ものが温かなさま

> Jiùshì chǎnpǐn shāngbiāo de biāohuī zhùzào gōngchǎng, hái méiyǒu zhǎodào.
> 就是产品商标的标徽铸造工厂，还没有找到。
> 商品のロゴマークであるエンブレムを鋳造する工場が、まだ見つからない。

指さす先には「熱々先生」のエンブレム。

素材工場の門の前。

ナレーション 为了委托制造厂生产标徽，三人来到了一个铸造厂家。据说，这儿的厂长脾气古怪，不好接近。要想把生意谈成，必须得说些恰到好处恭维话。
エンブレム製造を依頼すべく、3人はある鋳造業者を訪ねた。聞けばここの工場長はとても気むずかしくて、容易に距離を縮められない。商談を成功に導くためには、うまくおだてることが絶対条件なのだという。

胡 Hǎo, zǒu ba.
好，走吧。
さあ、行きましょう。

長山 あ、ちょ、ちょっと。

会議室で。先方の工具・工場長と商談中。

工具 Wǒmen chǎng de zhùzào jìshù dédàole hěn gāo de píngjià, wǒmen gēn Rìběn qǐyè yè yǒu jiāoyì.
我们厂的铸造技术得到了很高的评价，我们跟日本企业也有交易。
我が社の鋳造技術は高い評価をいただいており、日本企業とも取引があります。

Shēngchǎn quánbù yǐ Zhào chǎngzhǎng kāifā de jìshù wéi jīchǔ jìnxíng de.
生产全部以赵厂长开发的技术为基础进行的。
生産はすべて趙工場長が開発した技術をもとにしています。

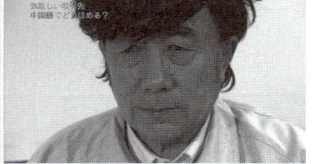

段 Wǒmen zǎojiù jiǔyǎng nín de dàmíng. Chángshān jīnglǐ hěn zǎo jiù xiǎng hé nín jiànmiàn.
我们早就久仰您的大名。长山经理很早就想和您见面。
お噂はかねがね伺っています。社長の長山もかねてからお会いしたいと申しておりました。

ナレーション 欸！长山老板，加油！加油！
さあ、長山社長、頑張って！頑張って！

長山 ええっと、あの、その……。
だめだ、うまい褒めことばなんてわからない！ 落ち着け俺！

長山は水をぐいっと飲むが、思わず咳き込み、吹き出した水が趙工場長の顔にかかってしまう。

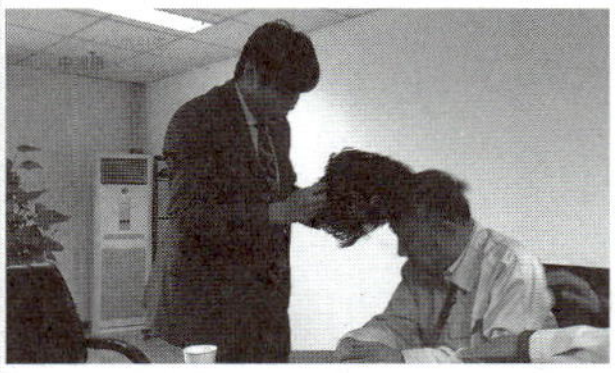

長山 Duìbuqǐ! Duìbuqǐ!
对不起！对不起！
申し訳ありません！申し訳ありません！

水をぬぐおうとした長山だが、
誤って工場長のカツラを取ってしまう。

趙 Zěnme gǎo de! Nǐ!
怎么搞的！你！
なにをするんだ！きみ！

……この若すぎる髪は、ネタにして早めにイジりたい。
（僕もそのくらい中国語できればなぁ…）

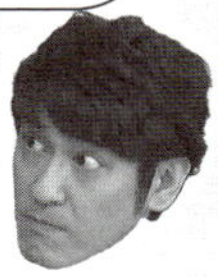

ナレーション 不但恭维没成功，还出了大丑。长山追悔莫及。要是能这样说的话……
機嫌を取るのに失敗するばかりか失態を犯すとは。長山は悔やんだ。
もし、こう言えていたら……

おたくの製品はすばらしい！

主な語句

língpèijiàn 零配件 細かい部品	zhùzào 铸造 鋳造する	píngjià 评价 評価する	jīchǔ 基础 基礎、基盤
shāngbiāo 商标 商標	jìshù 技术 技術	jiāoyì 交易 取り引きする	jiànmiàn 见面 対面する

第6課

今回の必須単語はコレだ！

| 好吃 hǎochī おいしい | 好喝 hǎohē おいしい | 凉 liáng 冷たい | 热 rè 熱い | 草莓 cǎoméi イチゴ | 药 yào くすり | 帅 shuài かっこいい |

陳淑梅のときどき厳しい文法講座

第6課

□形容詞の文を使えるようになる

主語＋"很"／"不"＋形容詞

Gōngchǎng hěn dà, yuángōng hěn duō.
工厂很大，员工很多。
工場がとても大きく、従業員がとても多いです。

Tiánzhōng de fāyīn hěn hǎo.
田中的发音很好。
田中さんの発音はとてもいいです。

Miànbāo hěn hǎochī, kāfēi bù hǎohē.
面包很好吃，咖啡不好喝。
パンはとてもおいしく、コーヒーはおいしくありません。

> 中国語では食べ物と飲み物の「おいしい」は区別します。「食べ物がおいしい」の場合は"好吃" hǎochī、「飲み物がおいしい」の場合は"好喝" hǎohē になります。

Gōngzuò máng ma? 　　　Gōngzuò hěn máng.
工作忙吗？　―――――　工作很忙。
仕事は忙しいですか？　　仕事はとても忙しいです。

Hànyǔ nán ma? 　　　　Hànyǔ bù nán.
汉语难吗？　―――――　汉语不难。
中国語は難しいですか？　中国語は難しくありません。

Wǒ de yīfu piàoliang ma? 　　Nǐ de yīfu hěn piàoliang.
我的衣服漂亮吗？　―――　你的衣服很漂亮。
わたしの洋服はきれいですか？　あなたの洋服はとてもきれいです。

Jīntiān de tiānqì zěnmeyàng? 　Jīntiān de tiānqì hěn hǎo.
今天的天气怎么样？　―――　今天的天气很好。
今日の天気はどうですか？　　今日の天気はとても良いです。
（"怎么样"は「どう」「いかが」という意味。）

解説
形容詞が述語になる文には、動詞"是"はつけません。
肯定文の場合、形容詞の前に通常「とても」という意味の副詞"很"をつけます。副詞がついていない形容詞文は比較のニュアンスが生まれるので、比較する場合でなければ、常に副詞を置きましょう。たとえば、"衣服漂亮。"と言うと、「服はきれいです（でも、それ以外はそうではない）」といったニュアンスが発生します。また、疑問文の場合は特に副詞をつける必要はありません。

□"也"や"都"を使う

Tiánzhōng hěn máng, Ābù yě hěn máng.
田中很忙，阿部也很忙。
田中さんはとても忙しく、阿部さんもとても忙しいです。

Tiánzhōng hé Ābù dōu hěn shuài.
田中和阿部都很帅。
田中さんと阿部さんは二人ともとても格好良いです。
（"和"は「～と」。並列を表します。）

Tāmen dōu shì gōngsī zhíyuán.
他们都是公司职员。
彼らはみんな会社員です。

Màozi de yánsè yě hěn xǐngmù!
帽子的颜色也很醒目！
帽子の色もとても鮮やかだ！

解説
"也"と"都"はともに副詞です。"也"は「～も」、"都"は「いずれも」「みな」という意味です。主語の直後に置きます。

ドリルに挑戦してみましょう。

前のページで学習したことや「ヒントのカード」を参考に、①～⑧の（　）を埋め、中国語を完成させましょう。(答えはページの下にあります)。

ヒントのカード

大きい dà 大	小さい xiǎo 小	安い piányi 便宜	(値段が)高い guì 贵
寒い lěng 冷	暑い rè 热	暖かい nuǎnhuo 暖和	涼しい liángkuai 凉快	遠い yuǎn 远
近い jìn 近	駅 chēzhàn 车站	スカート qúnzi 裙子	(聞いて)美しい、(音が)きれいである hǎotīng 好听	(見て)美しい、きれいである hǎokàn 好看

第6課

①あなたの部屋はとても大きく、わたしの部屋はとても小さい。

你的房间（　　）, 我的房间（　　）。

②わたしの腕時計は(値段が)とても高く、彼の腕時計もとても高い。

我的手表很贵, 他的手表（　　）很贵。

③冬はとても寒く、夏はとても熱い。

冬天（　　）, 夏天（　　）。

④わたしのメガネは安くない。

我的眼镜（　　）便宜。

> 否定の場合は"不"ですね。
> これはわかりやすいです。

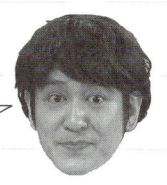

⑤春はとても暖かく、秋はとても涼しい。

春天（　　）, 秋天（　　）。

⑥駅はとても近く、会社はとても遠い。

车站（　　）, 公司很远。

⑦中国の音楽と日本の音楽はどれもとても美しい。

中国音乐和日本音乐（　　）很好听。

⑧わたしのスカートはきれい？

我的裙子（　　）吗？

答え
①很大 / 很小　②也　③很冷 / 很热　④不
⑤很暖和 / 很凉快　⑥很近　⑦都　⑧好看(漂亮も可)

よかったね！長山社長

段: Wǒmen jiǔyǎng nín de dàmíng. Chángshān jīnglǐ hěn zǎo jiù xiǎng hé nín jiànmiàn le.
我们久仰您的大名。长山经理很早就想和您见面了。
お噂はかねがね伺っています。社長の長山も、かねてからお会いしたいと申しておりました。

長山: ......Zhèige gōngchǎng hěn dà, yuángōng hěn duō, hǎoxiàng yě dōu hěn jìngyè!
…这个工厂很大，员工很多，好像也都很敬业！
…工場がとても大きく、従業員がとても多くて、勤勉でもあるようだ！

褒められてゆるむ工場長の表情。期待に胸をふくらませる長山。

長山: Chǎnpǐn de zhìliàng hěn gāo!
产品的质量很高！
製品のレベルもとても高い！

段: Zhèixiē dōu shì chǎngzhǎng nín de zhǐdǎo yǒufāng a!
这些都是厂长您的指导有方啊！
それもこれも工場長、あなたの指導が行き届いているからですねっ！

胡: Shì a, shì a.
是啊，是啊。
そのとおり、そのとおり。

赵: Wǒmen bú huì gūfù Chángshān xiānsheng de qīdài, qǐng fàngxīn ba.
我们不会辜负长山先生的期待，请放心吧。
長山さんの期待に応えられるようにやってみます、ご安心ください。

長山: Nín de fàxíng hěn shíshàng!
您的发型很时尚。
ヘアースタイルがイケていますね！

長山: Gōngfú hěn détǐ a. Màozi de yánsè yě hěn xǐngmù!
工服很得体啊。帽子的颜色也很醒目！
作業服がとてもお似合いです。帽子の色もとても鮮やかだ！

赵: Nǎli nǎli, guòjiǎng le, guòjiǎng le.
哪里哪里，过奖了，过奖了。
いやはや、褒めすぎですよ。

後日。すばらしい出来のエンブレムを見て喜ぶ3人。

赵: Wèile bù gūfù Chángshān jīnglǐ de qīdài, wǒmen shīzhǎnle quánshēn de běnshi.
为了不辜负长山经理的期待，我们施展了全身的本事。
長山社長の期待に背かないよう、腕をふるいました。

胡: Búcuò, búcuò, búcuò!
不错，不错，不错！
いいね、すごくいい！

長山: Tài bàng le! Zhào chǎngzhǎng, nín de shílì jìshù zhēn shì yīliú de a!
太棒了！赵厂长，您的实力技术真是一流的啊！
すばらしい！趙工場長、あなたの腕前は一流だ！

ナレーション 就这样，携带型盒饭机「热热先生」的生产开始了。
こうして携帯型弁当製造器「熱熱先生」の製造が始まった。

主な語句

gūfù 辜负 （期待などに）背く	shíshàng 时尚 時代の流行	xǐngmù 醒目 人目を引く、鮮やかである	běnshi 本事 能力、手腕
zhìliàng 质量 質	fàngxīn 放心 安心する	détǐ 得体 適切である、ふさわしい	guòjiǎng 过奖 褒めすぎる	bàng 棒 良い、優れている
zhǐdǎo 指挥 指導する	fàxíng 发型 ヘアースタイル	yánsè 颜色 色	shīzhǎn 施展 （能力を）発揮する	shílì 实力 実力

田中直樹、会話に挑戦します！

数時間前なんですけどね。財布を落としたんですよ。
とりあえず、今から交番に行って、
財布が届けられているか聞いてみます。
財布の特徴がうまく伝えられるといいんですが……。

田中 Nǐ hǎo.
你好。
こんにちは。

段 Nǐmen hǎo.
你们好。
こんにちは。

阿部 Bù hǎoyìsi, tā bǎ qiánbāo diū le.
不好意思，他把钱包丢了。
すみません、彼が財布をなくしたようなんです。

Qǐngwèn nín zhèli yǒu méiyǒu jiǎndào qiánbāo?
请问您这里有没有捡到钱包？
財布の落とし物が届いてないですか？

段 Qiánbāo? Qián xiē tiān shì sònglai jǐ ge yíshī de qiánbāo.
钱包？前些天是送来几个遗失的钱包。
財布ですか？ いくつかは届いてますけど…。

Nǐ de qiánbāo dà ma?
你的钱包大吗？
あなたの財布は大きいですか？

田中 Hěn dà. Wǒ de qiánbāo hěn dà.
很大。我的钱包很大。
大きいです。私の財布はとても大きいです。

段 Shì zhèige ma?
是这个吗？
これですか？

Bú shì.
不是。
違います。

段 Nǐ de qiánbāo zhòng ma?
你的钱包重吗？
あなたの財布は重たいですか？

田中 Wǒ de qiánbāo bú zhòng.
我的钱包不重。
私の財布は重くありません。

段 Nǐ de qiánbāo bú zhòng. Nǐ de qiánbāo guì ma?
你的钱包不重。你的钱包贵吗？
あなたの財布は重くありません。あなたの財布は高いですか？

田中 Wǒ de qiánbāo bú guì.
我的钱包不贵。
私の財布は高くありません。

段 Nǐ de qiánbāo bú guì. Hěn piányi?
你的钱包不贵。很便宜？
あなたの財布は高くありません。安いのね？

田中 はい。

段 Nà hěn piányi de….
那很便宜的…。
安いのといったら…。

田中 Zhè shì wǒ de qiánbāo.
这是我的钱包。
これが私の財布です。

段 Zhè shì nǐ de qiánbāo. Gěi nǐ.
这是你的钱包。给你。
あなたの財布ですね。どうぞ。

田中 Xièxie.
谢谢。
ありがとう。

段 Xiǎoxīn xià cì bú yào zài diū le.
小心下次不要再丢了。
もう落とさないように、気を付けてください。

田中 Xièxie.
谢谢。
ありがとう。

段 Bú kèqi.
不客气。
どういたしまして。

阿部 へー、こんな財布使ってるんですか。

田中 そうなんですよ。
フリーマーケットで手に入れました。

第7課 「～はありますか？」と質問できるようになろう！

> がんばって！長山社長 「あるのかないのか、それが問題だ」編

ナレーション 左右公司命运的新产品"肩挎携带式盒饭机"。长山接到样品完成的通知，兴致勃勃地来到了工厂。然而……。
社運をかけた新製品「肩掛け携帯型弁当製造器」。長山はその試作品が完成したとの知らせを受け、意気揚々と工場へ来たのだが……。

工場長 Yàngpǐn zuòchulai le.
样品做出来了。
サンプルが完成しました。

Zài nǐmen túzhǐ jīchǔ zhīshàng, wǒmen yòu shāowēi zuòle diǎnr xiūgǎi.
在你们图纸基础之上，我们又稍微作了点儿修改。
あなた方の図面をもとに、若干アレンジを加えてみました。

Bù zhīdào shìfǒu fúhé nǐmen de yāoqiú.
不知道是否符合你们的要求。
お気に召すかどうかわかりませんが。

Zhǔnbèihǎo le ma？ Dǎkāi kànyikàn.
准备好了吗？打开看一看。
準備はよろしいですか？ 開いてちょっと見せますよ。

サンプルが目の前に。ド派手な赤いボディに金色のラメ。ことばを失い、驚く長山。

長山 なんだ、このド派手な色は！こんな色じゃ食欲がわかないだろう！

段 Zhēn hǎokàn！ Zhè bú shì tǐng hǎo de ma！
真好看！ 这不是挺好的嘛！
かわいい～！ すてきじゃない！

長山 !?

張 Ňg, mán búcuò de！
嗯，蛮不错的！
うん、なかなか良いね！

工場長 Shì bu shì？ Hāhāhā.
是不是？ 哈哈哈。
そうだろう？ はははは。

まんざらでもない張と段。長山をよそに盛り上がっている。

長山 え！まずいぞ、このままだと。

長山は日本の上司の反応を想像していた。「なんだ、このド派手な色は。炊飯器は白か銀が定番だ！ なに考えてんだ長山！ まじめにやってんのか！」と怒られるに違いない。

工場長

Chángshān xiānsheng？ Chángshān xiānsheng？ Zěnmeyàng a？
长山先生？ 长山先生？ 怎么样啊？
長山さん？ 長山さん？ いかがですか？

長山

ほかの色のボディーはないのか、聞かないと……
なにか言いたそうだが、ことばが出てこない長山。

張

Wǒmen jīnglǐ shì duì zhème chūsè de yàngpǐn gǎndào jīngyà,
我们经理是对这么出色的样品感到惊讶，
社長は、こんなにすばらしい出来栄えのサンプルに驚いて、

yìshí zhǎobudào héshì de cír xíngróng.
一时找不到合适的词儿形容。
とっさになんと形容したらいいかことばが見つからないようです。

Zhào chǎngzhǎng, jiù zhème dìng le！
赵厂长，就这么定了！
趙工場長、これに決めましょう！

工場長

Xièxie, xièxie！
谢谢，谢谢！
ありがとうございます！

Wǒmen zhè jiù zhuóshǒu qǐdòng liǎng wàn tái de shēngchǎnxiàn.
我们这就着手启动两万台的生产线。
さっそく2万台の製造ラインをスタートさせます。

Mǎshàng liánxì shànggōng！
马上联系上工！
すぐに仕事を始めるように連絡してきます！

長山

待ってくれ！ ほかの色を！

ナレーション

长山热切地企盼：此时，如果能用中文这样问……
長山は激しく願っていた。こんなとき、中国語ではっきりとこう聞けたら……

ほかの色はありますか？

主な語句

túzhǐ **图纸** 設計図、図面	chūsè **出色** すばらしい、際立ってすぐれている	héshì **合适** ちょうどよい、ぴったりする	zhuóshǒu **着手** 着手する、取りかかる	mǎshàng **马上** すぐ、ただちに
yàngpǐn **样品** サンプル	mán **蛮** なかなか、とても	jīngyà **惊讶** あきれる、意外さに驚く	qǐdòng **启动** (機械などが)始動する	liánxì **联系** 連絡する

今回の必須単語はコレだ！

笔	笔记本	餐巾纸	钥匙	钱包	颜色	红色	黑色
bǐ ペン	bǐjiběn ノート	cānjīnzhǐ ティッシュペーパー	yàoshi 鍵	qiánbāo 財布	yánsè 色	hóngsè 赤	hēisè 黒

陳淑梅の ときどき厳しい 文法講座

☐ あるかないかを言う、尋ねる

（主語）＋"有"＋名詞＋"吗"？

Nǐ yǒu bǐ ma?
你有笔吗？——— Wǒ yǒu bǐ.
あなたはペンを持っていますか？　　我有笔。
　　　　　　　　　　　　　　　　わたしはペンを持っています。

Nǐ yǒu shǒubiǎo ma?
你有手表吗？——— Wǒ méiyǒu shǒubiǎo.
あなたは腕時計を持っていますか？　我没有手表。
　　　　　　　　　　　　　　　　わたしは腕時計を持っていません。

Nǐ yǒu mèimei ma?
你有妹妹吗？——— Yǒu.
あなたは妹がいますか？　　　　　　有。
　　　　　　　　　　　　　　　　います。

Yǒu rénmínbì ma?
有人民币吗？——— Méiyǒu.
人民元はありますか？　　　　　　　没有。
　　　　　　　　　　　　　　　　ありません。

Yǒu yínsè de ma?
有银色的吗？——— Yǒu.
銀色のものがありますか？　　　　　有。
　　　　　　　　　　　　　　　　あります。

> 日本では
> 人間や動物は「いる」、
> 物の場合は「ある」と
> 使い分けますが、
> 中国語ではこのような
> 区別はありません。

解説
"有"は動詞で、「持っている」「ある／いる」という意味を表します。
否定文は、"×不有"ではなく"没有"となります。
答えるときは"有"または"没有"だけでもかまいません。

☐ 反復疑問文を使う

主語＋（動詞・形容詞の）肯定形＋否定形？

Hànyǔ nán bu nán?
汉语难不难？
中国語は難しいですか？

Wǒmen chī Zhōngguócài, hǎo bu hǎo?
我们吃中国菜，好不好？
わたしたちは中国料理を食べるというのは、どう？
（反復疑問文の"不"は通常軽声で発音されます。）

Yǒu méiyǒu xǐshǒujiān?
有没有洗手间？
お手洗いはありますか？

Yǒu méiyǒu biéde yánsè?
有没有别的颜色？
ほかの色はありますか？

解説
動詞や形容詞の「肯定形＋否定形」の形で疑問文を作ることができます。これを反復疑問文と言います。文末に"吗"は置きません。

ドリルに挑戦してみましょう。

前のページで学習したことや「ヒントのカード」を参考に、①〜⑧の（　）を埋め、中国語を完成させましょう。(答えはページの下にあります)。

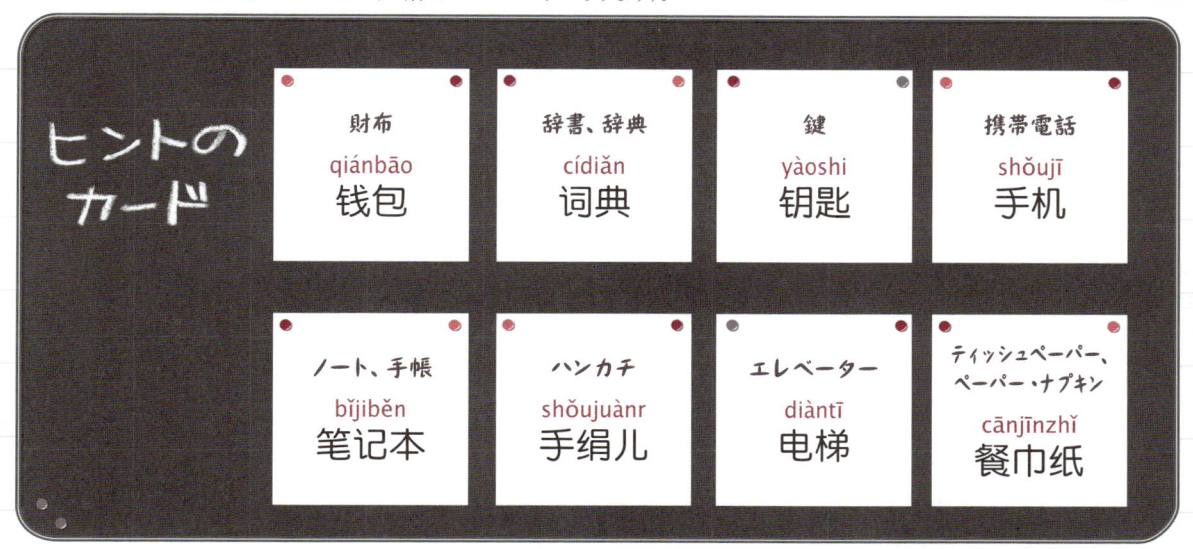

ヒントのカード

財布	辞書、辞典	鍵	携帯電話
qiánbāo	cídiǎn	yàoshi	shǒujī
钱包	词典	钥匙	手机

ノート、手帳	ハンカチ	エレベーター	ティッシュペーパー、ペーパー・ナプキン
bǐjiběn	shǒujuànr	diàntī	cānjīnzhǐ
笔记本	手绢儿	电梯	餐巾纸

①あなたはハンカチを持っていますか？
你有（　　　）吗？

②わたしは辞書を持っていません。
我（　　　）词典。

③わたしは鍵を持っています。
我有（　　　）。

反復疑問文では"吗"をつけません。これは大事！

④彼は携帯電話を持っていません。
他没有（　　　）。

⑤エレベーターはありますか？
（　　　）电梯？

ついつい"吗"をつけそうになる。田中さんも苦労してましたね！

⑥ティッシュペーパーはありますか？
有没有（　　　）？

⑦これはあなたの財布ですか？
这是不是（　　　）钱包？

⑧ほかの色のノートはありません。
没有其他颜色的（　　　）。

答え
①手绢儿　②没有　③钥匙　④手机　⑤有没有
⑥餐巾纸　⑦你的　⑧笔记本

よかったね！長山社長

張
Zhào chǎngzhǎng, jiù zhème dìng le!
赵厂长，就这么定了！
趙工場長、これに決めましょう！

工場長
Xièxie, xièxie! Wǒmen zhè jiù qǐdòng liǎng wàn tái de shēngchǎnxiàn.
谢谢，谢谢！我们这就启动两万台的生产线。
ありがとうございます！さっそく2万台の製造ラインをスタートさせます。

Mǎshàng liánxì shànggōng!
马上联系上工！
すぐに仕事を始めるように連絡してきます！

長山
Děng yíxià!
等一下！
ちょっと待った！

長山
…Chǎngzhǎng, yǒu méiyǒu qítā yánsè?
…厂长，有没有其他颜色？
工場長、ほかの色はありますか？

工場長
Biéde yánsè? Yǒu a.
别的颜色？ 有啊。
ほかの色ですか？ ありますよ。

長山
Dōu yǒu shénme yánsè?
都有什么颜色？
どんな色がありますか？

工場長
Yǒu huángsè, chéngsè, lǜsè, báisè….
有黄色、橙色、绿色、白色…。
黄色、オレンジ、緑、白…。

Shénme yánsè dōu yǒu, bǎo nǐmen mǎnyì.
什么颜色都有，保你们满意。
どんな色でもあるので、御社の要望にこたえられます。

長山
Yǒu yínsè de ma?
有银色的吗？
銀色はありますか？

工場長
Yǒu, yǒu.
有，有。
あります、あります。

張
Lǎobǎn, zài Rìběn, báisè hé yínsè de jiādiàn kěnéng hěn pǔbiàn,
老板，在日本，白色和银色的家电可能很普遍，
社長、日本では白か銀色の家電が多いかもしれませんが、

ér Zhōngguórén gèng xǐhuan hóngsè hé huángsè.
而中国人更喜欢红色和黄色。
中国人は赤や黄色のほうが好きです。

長山
Díquè shì zhèyàng. Dànshì, wǒmen de chǎnpǐn mài de shì pǐnpái.
的确是这样。但是，我们的产品卖的是品牌。
確かに。しかし、我々の商品の売りはブランドだ。

Pǐnpái de tèdiǎn shì gāoyǎ, wǒ xiǎng yǒu guāngzé de yínsè shì zuì shìhé de le.
品牌的特点是高雅，我想有光泽的银色是最适合的了。
ブランドの特徴は高級感、わたしは光沢のある銀色が最もふさわしいと思う。

主な語句

| qítā 其他 そのほか | mǎnyì 满意 満足する | pǔbiàn 普遍 全体に及んでいる | díquè 的确 確かだ、疑いない |
| chéngsè 橙色 オレンジ色 | yínsè 银色 銀色 | hóngsè 红色 赤 | pǐnpái 品牌 ブランド |

一同 　**原来是这样……。**
Yuánlái shì zhèyàng…….
なるほど……。

工場長 　**明白了。我们试试看吧。**
Míngbai le. Wǒmen shìshi kàn ba.
わかりました。やってみましょう。

ナレーション 　後日。
盒身的颜色定下来后，第2号样品也很快完成了。
ボディーの色が決まり、試作品第2号が完成した。
銀色の製品を手に取る長山。

張 　**颜色很漂亮！**
Yánsè hěn piàoliang!
色はとてもきれいだ！

張 　**但关键还要看性能啊。**
Dàn guānjiàn hái yào kàn xìngnéng a.
しかし、肝心なのは性能だ。

段 　**先放米，**
Xiān fàng mǐ,
まずお米を入れて、

段 　**然后是葱和肉，**
ránhòu shì cōng hé ròu,
それからネギとお肉、

段 　**最后是鸡蛋和水。打开开关！**
zuìhòu shì jīdàn hé shuǐ. Dǎkāi kāiguān!
最後はタマゴと水。スイッチオン！

「熱熱先生」がゴゴゴゴと音を立てて光る。あわてて逃げる長山。

長山 　うわ〜、光るなんて。

しばらくたって、様子を伺う長山。
一同が「熱熱先生」を囲み、できたて弁当の試食を始めている。

一同 　**嗯！**
Ǹg.
うん！

工場長 　**好吃！拿酒来！**
Hǎo chī! Ná jiǔ lái!
おいしい！　酒を持って来い！

夢のような弁当箱ですよね。この展開にはぼくもびっくりしたな。

ナレーション 　这就是"热热先生"制作完成的瞬间。
これが「熱熱先生」、完成の瞬間だった。

すごいでしょ？

第7課

主な語句

guāngzé 光泽 光沢	ránhòu 然后 それから、その後	kāiguān 开关 スイッチ
tèdiǎn 特点 特徴	shìhé 适合 ふさわしい	zuìhòu 最后 最後に	hǎochī 好吃 おいしい
gāoyǎ 高雅 上品である	xiān 先 まず、先に	jīdàn 鸡蛋 (ニワトリの) タマゴ

第7課

田中直樹、会話に挑戦します！

買い物頼むよってメモを渡されたんですよね。
近くの雑貨屋に行ってみますけど、うまく買えるかなあ。「赤い」
ペンとか「冷たい」ビールとか、難しそうで……、
ともかく今回も頑張ります！

主な語句

xiǎo mài bù
小卖部
雑貨屋

bīngzhèn de
冰镇的
冷たい

田中
Yǒu rén ma?
有人吗？
人はいますか？

段
Yǒu.
有。
いますよ。

Zhèr ne, zhèr ne.
这儿呢，这儿呢。
ここ、ここ。

田中
Yǒu méiyǒu hóngsè de bǐ?
有没有红色的笔？
赤いペンはありますか？

段
Yǒu. Gěi nǐ.
有。给你。
あります。どうぞ。

田中
Xièxie.
谢谢。
ありがとうございます。

田中
Yǒu píjiǔ ma?
有啤酒吗？
ビールはありますか？

段
Yǒu.
有。
あります。

Gěi.
给。
どうぞ。

田中
Xièxie.
谢谢。
ありがとう。

ぬるいです。(メモには)冷たいって書いてます。

Yǒu bīngzhèn de píjiǔ ma?
有冰镇的啤酒吗？
冷たいビールはありますか？

有没有红色的笔？
Yǒu méiyǒu hóngsè de bǐ?
赤いペンはありますか？

"挺"は「なかなか」
という意味です。
多くの場合、"挺…的"
の形で使われます。

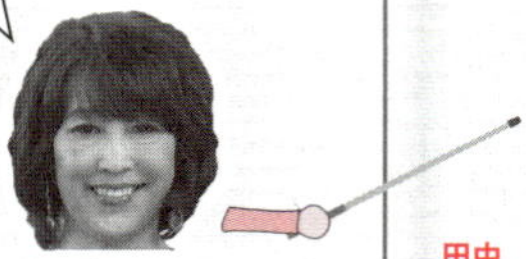

段
Zhè shì chángwēn de.
这是常温的。
それは常温です。

Chángwēn de jiù tǐng hǎohē de.
常温的就挺好喝的。
常温でもおいしいですよ。

田中
Méi bànfǎ.
没办法。
仕方がない。

田中
Yǒu māo ma?
有猫吗？
猫はいますか？

段
Yǒu. Gěi nǐ.
有。给你。
いますよ。どうぞ。

田中
すごいですね。ペンからいろいろと。
では、ちょっともっと思い切って聞いてみます。

田中
Yǒu méiyǒu hóngsè de gǒu?
有没有红色的狗？
赤い犬はいますか？

段
Hóngsè de gǒu?
红色的狗？
赤い犬ですか？

Zài hòumian ne.
在后面呢。
後ろにいます。

Wǒ gěi nǐ ná a.
我给你拿啊。
お持ちしますね。

Gěi.
给。
どうぞ。

田中
真っ赤ですよ。

Yǒu.
有。
あります

Gěi.
给。
どうぞ

第8課 数字や日時の言い方をおぼえてアポ取りに挑戦!

がんばって! 長山社長 「誰がために電話は鳴る!?」編

ナレーション　满福电器要把新开发的产品推向中国市场。眼下的任务是打开销路。于是，他们决定到一家电器商店进行推销。这家电器店最近以北京为中心开了许多连锁店，发展非常迅速。
满福電器は新しく開発した新製品「熱熱先生」を中国市場に売り込みたいと考えている。目下の任務は販売ルートの開拓。そこで、彼らはある家電量販店に営業を行うことにした。この店は、最近北京を中心にチェーン店を拡大しつつある。

段　*Wǒmen fēicháng qīdài hé nínmen jiànmiàn. Duì, duì.*
我们非常期待和您们见面。对，对。
ぜひ一度お目にかかりたいのですが。ええ、そうです。

Á? …Lǎobǎn?
啊？…老板？
え？…社長ですか？

Ā, zài. …Hǎo. Qǐng shāo děng.
啊，在。…好。请稍等。
ええ、おりますが。…わかりました。少々お待ちください。

長山　え？え？何？

段　社長がいるなら直接話したいとおっしゃっています。お願いします。

長山　むりむりむり…！

段　情けない。もっと自信をもってください！

長山　*Wéi?*
喂？
もしもし？

相手の声　*Wéi? Tīngdejiàn ma?*
喂？听得见吗？
もしもし聞えますか？

長山　は、はい。

相手の声	Guānyú xīn chǎnpǐn de shì wǒ yǐjīng tīngshuō le. 关于新产品的事我已经听说了。 新製品の件、伺いました。 Wǒ hěn gǎn xìngqù, xiǎng qǐng nín lái dāngmiàn tántan. 我很感兴趣，想请您来当面谈谈。 大変興味がありますので、ぜひ一度お越しください。 Nín shénme shíhou fāngbiàn ne? 您什么时候方便呢? 日程はいつがご都合よろしいですか?
長山	5月25日なら都合がいい。なんて言えばいいのかな。
段	Wǔ·yuè·èr·shi·wǔ·hào! 五・月・二・十・五・号! ご・がつ・に・じゅう・ご・にち!
相手の声	Zěnmeyàng a? 怎么样啊? どうですか?
長山	もう1回言って!
段	Wǔ·yuè·èr·shi·wǔ·hào! 五・月・二・十・五・号! ご・がつ・に・じゅう・ご・にち!
長山	…う～ゆえ～ある～し～う～
相手の声	Wéi? …Zěnme shēngyīn bú duìjìnr. 喂? …怎么声音不对劲儿。 もしもし? …何か変な音が聞こえる。 Shì bu shì diànhuà huài le? 是不是电话坏了? 故障かな?（ガチャン）
電話音	ツー・ツー・ツー……
ナレーション	连个电话也打不好，这让长山老板的自尊心受到了很大的打击。他想…。 満足に電話もできないなんて…。長山の自尊心は大きな打撃を受けた。そして思った。

中国語でちゃんとアポイントくらいとれなきゃ！

主な語句

duìjìnr
对劲儿
正常である

qǐng shāo děng
请稍等
少々お待ちください

tīngshuō
听说
聞いている

fāngbiàn
方便
都合がよい

diànhuà
电话
電話

tīngdejiàn
听得见
聞こえる

dāngmiàn
当面
面と向かって

shēngyīn
声音
音

huài
坏
壊れる

今回の必須単語はコレだ！

月	号	星期	点	几	现在	今天	起床	睡觉
yuè	hào	xīngqī	diǎn	jǐ	xiànzài	jīntiān	qǐchuáng	shuìjiào
〜月	〜日	〜曜日	〜時	いくつ	いま	今日	起きる	眠る

陳淑梅のときどき厳しい文法講座

□数字を言う

yī	èr	sān	sì	wǔ	liù	qī	bā	jiǔ	shí
一	二	三	四	五	六	七	八	九	十

shíyī	shí'èr								èrshí
十一	十二	…	…	…	…	…	…	…	二十

èrshiyī	sānshi'èr	sìshisān	wǔshisì	liùshiwǔ
二十一 …	三十二 …	四十三 …	五十四 …	六十五

qīshiliù	bāshiqī	jiǔshibā	jiǔshijiǔ	yìbǎi
七十六 …	八十七 …	九十八 …	九十九 …	一百

解説
中国語の数字は1から10まで言えれば、99まで数えられます。
100は日本語と違って、「百」ではなく**"一百"**と言います。

□月日を言う、尋ねる

Jīntiān jǐ yuè jǐ hào?
今天几月几号？
今日は何月何日ですか？

Liùyuè wǔ rì.
六月五日。
6月5日です。

shí'èryuè èrshisān hào.
十二月二十三号。
12月23日です。

解説
書きことばでは日本語と同様に"〜月…日"と書きます。話しことばの場合は
"〜日"の代わりに"〜号"と言います。
「何月何日ですか？」と尋ねる場合は"几月几号?"と言います。"几"は「いくつ」という意味です。

□曜日を言う、尋ねる

Xīngqī jǐ?
星期几？
何曜日ですか？

xīngqīyī	xīngqī'èr	xīngqīsān	xīngqīsì
星期一	星期二	星期三	星期四
月曜日	火曜日	水曜日	木曜日

xīngqīwǔ	xīngqīliù	xīngqītiān / xīngqīrì
星期五	星期六	星期天 / 星期日
金曜日	土曜日	日曜日

解説
中国語の曜日は数字で表します。月曜日から土曜日までは**"星期一""星期二"**……**"星期六"**となります。日曜日だけは数字ではなく、**"星期天"**もしくは**"星期日"**と言います。「何曜日ですか？」は**"星期几?"**と言います。
日付や曜日、時刻などの名詞は**"是"**を使わずにそのまま述語になることができます。たとえば、**"今天六月五号。"** Jīntiān liùyuè wǔ hào.（今日は6月5日です。）、**"今天星期几?"** Jīntiān xīngqī jǐ?（今日は何曜日ですか？）などです。

◻午前、午後などを言う

zuótiān	jīntiān	míngtiān		
昨天	今天	明天		
昨日	今日	明日		
zǎoshang	shàngwǔ	zhōngwǔ	xiàwǔ	wǎnshang
早上	上午	中午	下午	晚上
朝	午前	昼	午後	夜

> 「2時」は"两点"と言います。"二点"とは言いません。

◻時刻を言う、尋ねる

yì diǎn	liǎng diǎn	liǎng diǎn shí fēn
一点	两点	两点十分
1:00	2:00	2:10
sān diǎn sānshí fēn	sì diǎn bàn	wǔ diǎn yí kè
三点三十分	四点半	五点一刻
3:30	4:30	5:15
liù diǎn sìshiwǔ fēn	qī diǎn sān kè	
六点四十五分	七点三刻	
6:45	7:45	

Xiànzài jǐ diǎn?　　　shàngwǔ shí diǎn shíwǔ fēn　　　xiàwǔ yì diǎn bàn
现在几点？————上午十点十五分————下午一点半
今、何時？　　　　　午前10時15分　　　　　　午後1時半

解説
「〜時」は"〜点"、「〜分」は"〜分"と言います。
「30分」は"三十分"は"半"とも言います。
また、「15分」は"十五分"または"一刻"、「45分」は"四十五分"または"三刻"とも言います。

◻月日や時刻を使いこなす

習った月日や曜日、時刻の言い方を使って文を作りましょう。

月日や時刻＋動詞フレーズ

Nǐ xīngqīliù zuò shénme?　　　Wǒ xīngqīliù tīng yīnyuè.
你星期六做什么？————我星期六听音乐。
あなたは土曜日に何をしますか？　わたしは土曜日に音楽を聴きます。

Wǔyuè èrshiwǔ hào xíng bu xíng?
五月二十五号行不行？
5月25日はどうですか？（"行"は「よいと思う」という意味）

Xiàwǔ yì diǎn bàn hǎo bu hǎo?　　　Wǔyuè èrshiwǔ hào xīngqīyī, xiàwǔ yì diǎn bàn jiàn.
下午一点半好不好？————五月二十五号星期一，下午一点半见。
午後1時半はどうですか？　　　5月25日月曜日、午後1時半に会いましょう。

Nín shénme shíhou fāngbiàn ne?
您什么时候方便呢？
あなたはいつ都合がいいですか？

解説
年月日、曜日、時刻などのような時点を表すことばは動詞の前、もしくは文頭に置きます。
たとえば"星期六你做什么?"と言うこともできます。

ドリルに挑戦してみましょう。

前のページで学習したことや「ヒントのカード」を参考に、①～⑧の（　）を埋め、中国語を完成させましょう。(答えはページの下にあります)。

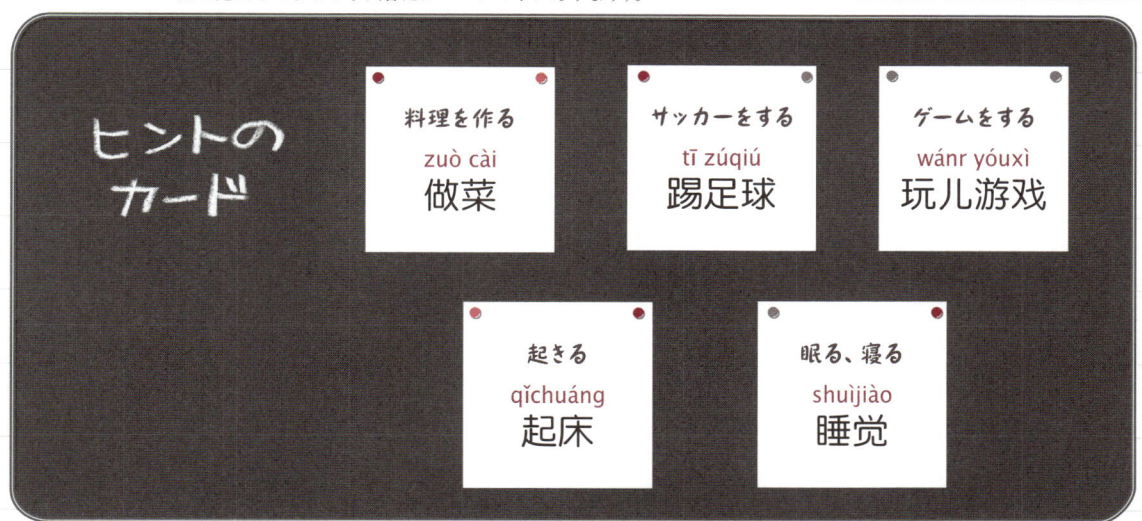

ヒントのカード

料理を作る	サッカーをする	ゲームをする
zuò cài	tī zúqiú	wánr yóuxì
做菜	踢足球	玩儿游戏

起きる	眠る、寝る
qǐchuáng	shuìjiào
起床	睡觉

①わたしは土曜日に料理を作ります。
我（　　　）做菜。

②わたしは木曜日の午前にサッカーをします。
我星期四（　　　）踢足球。

③わたしは日曜日にゲームをします。
我（　　　）玩儿游戏。

④あなたは何時に起きますか？
你（　　　）起床？

⑤あなたは何時に寝ますか？
你几点（　　　）？

⑥わたしは7時半に起きます。
我（　　　）起床。

⑦わたしは11時半に寝ます。
我（　　　）睡觉。

⑧6月15日はどうですか？
六月十五号行（　　　）？

中国語では曜日を数字で言うんですね！

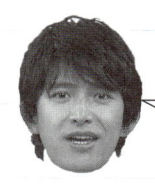

日曜日は二つ言い方がありますよ！

答え
①星期六　②上午　③星期天または星期日　④几点
⑤睡觉　⑥七点半または七点三十分
⑦十一点半または十一点三十分　⑧不行または吗

よかったね！長山社長

段　社長がいるなら直接話したいとおっしゃっています。お願いします。

長山
Ò？ Shì ma？ Nà wǒ lái jiē. ……Wéi？
哦？ 是吗？ 那我来接。……喂？
ん？ そうか。代わろう！……もしもし？

相手の声
Wéi？ Nín tīngdejiàn ma？
喂？ 您听得见吗？
もしもし？ 聞こえますか？

長山
Tīngdejiàn. Nín shuō.
听得见。您说。
聞こえます。どうぞ。

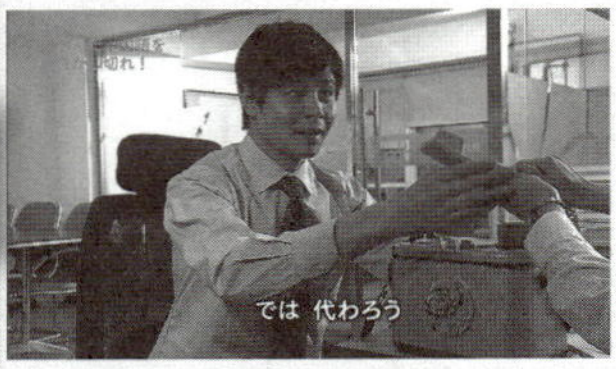

相手の声
Guānyú xīn chǎnpǐn de shì wǒ yǐjīng tīngshuō le.
关于新产品的事我已经听说了。
新製品の件、伺いました。

Wǒ hěn gǎn xìngqù, xiǎng qǐng nín lái dāngmiàn tántan.
我很感兴趣，想请您来当面谈谈。
大変興味がありますのでぜひ一度お越しください。

Nín shénme shíhou fāngbiàn ne？
您什么时候方便呢？
日程はいつがご都合よろしいですか？

長山
Wǔyuè èrshiwǔ hào xíng bù xíng？
五月二十五号行不行？
5月25日ではいかがですか？

相手の声
Xíng. Méi wèntí. Nà, shíjiān ne？
行。没问题。那，时间呢？
はい。問題ありません。時間帯は？

長山
Xiàwǔ yì diǎn bàn hǎo bu hǎo？
下午一点半好不好？
午後1時半でどうでしょう？

相手の声
Hǎo de. Nà jiù wǔyuè èrshiwǔ hào xīngqīyī, xiàwǔ yì diǎn bàn jiàn. Wǒ děngzhe nín.
好的。那就五月二十五号星期一，下午一点半见。我等着您。
大丈夫です。では5月25日月曜日、午後1時半にお待ちしています。

長山
Hǎo, xièxie nín. Zàijiàn.
好，谢谢您。再见。
はい、ありがとうございます。それでは。

段　どうでした？

長山　簡単さ！

段　さすが社長！頼もしい！

ナレーション　新产品的销售，向着成功又接近了一步！
新製品発売への道は、また一歩成功へと近づいた！

かっこいい！

主な語句

shuō	méi wèntí	shíjiān
说	没问题	时间
言う	問題ない	時間

lái
来 — ほかの動詞の前に置いて、積極的にやろうとするニュアンスを表わす

jiàn
见
会う

田中直樹、会話に挑戦します！

外国語で電話ってメチャクチャ緊張しますよね。長山社長もほんと大変ですね〜と思ってたら、今回は社長秘書!? 電話でのアポ取りですかっ！ 今週中の面会を、スケジュールを確認しながら入れる。難しいなぁこれは。

主な語句

mìshū
秘书
秘書

fāngbiàn
方便
都合がよい

（電話が鳴っている）

田中　Wéi?
喂?
もしもし。

段　Wéi, nǐ hǎo, wǒ shì Tiānjīn gōngsī de Duàn Wénníng.
喂，你好，我是天津公司的段文凝。
もしもし天津公司の段です。

Xiǎng quèrèn yīxià hé nǐmen shèzhǎng jiànmiàn de rìchéng.
想确认一下和你们社长见面的日程。
貴社社長との面会の日程を相談させてください。

Běn zhōu wǔyuè jiǔ hào nín yǒu shíjiān ma?
本周五月九号您有时间吗？
今週5月9日はお時間ありますか？

田中　（えっと5月9日はダメですね）

Méiyǒu. Méiyǒu shíjiān.
没有。没有时间。
時間がありません。

段　Nà, nín jǐ yuè jǐ hào fāngbiàn ne?
那，您几月几号方便呢？
では、何月何日がご都合がよろしいですか？

"方便"は「便利だ」という意味がありますが、ここでは「都合がいい」という意味を表します。

田中　（13日金曜日の午前がいいですね）

Wǔyuè shísān hào shàngwǔ fāngbiàn ma?
五月十三号上午方便吗？
5月13日の午前はご都合いかがですか？

段　À, hǎo. Méi wèntí, yǒu shíjiān.
啊，好。没问题，有时间。
ああ、大丈夫ですよ。

Nà, zánmen wǔyuè shísān hào zhōuwǔ
那，咱们五月十三号周五
では、5月13日金曜日

shàngwǔ jiǔ diǎn bàn jiàn.
上午九点半见。
午前九時半にお会いしましょう。

田中　Hǎo.
好。
はい。

「日にち、曜日、午前・午後、時間」。これを一度に言われると、あわてますね。この回はとくに難しかったです。

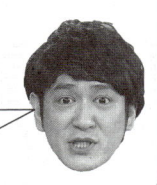

第9課 道や場所を尋ねる、伝える

がんばって！長山社長　「Lost in 胡同」編

ナレーション　为了销售打入中国市场的新产品，长山经理前去谈判。他和小段约好在对方的公司见面。打车还算顺利，不过……。
中国市場向け新製品を売り込むべく、長山社長は商談に赴いた。通訳の段とは相手の会社で合流する予定だ。タクシーに乗るまでは良かったが……。

運転手　Nín dào năr?
您到哪儿?
どこまで？

長山　ニンメイ……ディエンチー。

運転手　Zhīdao le.
知道了。
了解。

Qián bùjiǔ, wǒ cóng nèige…Zhèngyìlù dào Báimǐ hútòng,
前不久，我从那个…正义路到白米胡同，
このあいだなんか正義路から白米胡同まで、

huāle sā xiǎoshí.
花了仨小时。
3時間もかかったよ。

Háiyǒu nèi (ge) năr……Tiāndōuyuànr, jiùshì yí ge Tiāndǔyuànr,
还有那(个)哪儿……天都院儿，那就是一个添堵院儿，
それから、あそこ……天都院、つまり「迷惑院」、

chē duō, rén duō, lù zhǎi, méi bànfǎ…….
车多、人多、路窄，没办法……。
車も人も多いし道は狭い、まったく仕方がないよ。

運転手　Dào le.
到了。
着いたよ。

主な語句

hútòng	sā	Tiāndǔ	zhǎi	méi bànfǎ
胡同	仨	添堵	窄	没办法
路地、小路	3つ(の)：話しことばで使う	「不愉快にさせる」という意味の俗語	狭い	仕方ない、方法がない

	長山	？
	ナレーション	长山被迫在陌生的胡同下了车。 長山は見知らぬ胡同におろされたのだった。
	長山	なんていいかげんな運転手だ！　まずいぞ、約束の時間までもう30分ない！

あわてて胡同を走る長山。洗濯物を干している女性に道を聞こうと立ち止まる。

	長山	Nǐ hǎo！ Dǎrǎo yíxià！ **你好！打扰一下！** こんにちは！　お邪魔します！ ニンメイ、ディエンチー？ん？通じたか？
	女性	Zhèibian, yòu guǎi. Zhèibian, zhèibian yòu guǎi. **这边，右拐。这边，这边，右拐。** ここを右へ。ここ、ここを右。
	長山	Xièxie！ **谢谢！** ありがとう！

胡同をかけまわる長山。

	長山	あ、あれっ、行き止まりだ！
	ナレーション	上气不接下气的长山，不得不这样想…… 息も絶え絶えの長山は、こう思わずにはいられなかった……

中国語で道の尋ね方を
ちゃんと習っておけばよかった！

主な語句

dǎrǎo	guǎi
打扰	拐
邪魔をする	曲がる

今回の必須単語はコレだ！

这儿	那儿	哪儿	一直	走	拐	怎么	到
zhèr	nàr	nǎr	yìzhí	zǒu	guǎi	zěnme	dào
ここ	そこ	どこ	まっすぐ	行く	曲がる	どのように	〜まで行く

第9課

陳淑梅の ときどき厳しい 文法講座

☐「～にいる」「～にある」と言う、尋ねる

主語＋"在"＋場所

Wǒ de shǒujī zài nǎr?　　　　　　Zài shūbāoli.
我的手机在哪儿？………………在书包里。
わたしの携帯電話はどこですか？　カバンの中です。

Dìtiězhàn zài nǎr?　　　　　　　Zài zhèr.
地铁站在哪儿？…………………在这儿。
地下鉄の駅はどこですか？　　　　ここです。

Biànlìdiàn zài nǎr?　　　　　　　Zài nàr.
便利店在哪儿？…………………在那儿。
コンビニエンスストアはどこですか？　あそこです。

Zhèige gōngsī zài nǎr?
这个公司在哪儿？
この会社はどこですか？

解説
"在"zài は動詞で「（～が…に）ある／いる」という意味を表します。否定文は"在"の前に"不"を置きます。日本語では，人間や動物の存在を表す場合は「いる」、事物の存在を表す場合は「ある」と区別していますが，中国語ではこのような区別はありません。

場所を表す代名詞を覚えましょう。

ここ		そこ、あそこ		どこ	
zhèr	zhèli	nàr	nàli	nǎr	nǎli
这儿	这里	那儿	那里	哪儿	哪里

"这儿""那儿""哪儿"は主に話しことばで使われます。

「方位詞」をしっかり覚えて相手からの道の説明を聞き取れるように頑張りましょう！

これで道を尋ねるのも、カンペキですね

方位詞（方向と位置を表すことば）　よく使うものを表にまとめました。

	1音節		2音節			
左	左	zuǒ	左边(儿)	zuǒbian(r)	左面	zuǒmiàn
右	右	yòu	右边(儿)	yòubian(r)	右面	yòumiàn
前	前	qián	前边(儿)	qiánbian(r)	前面	qiánmiàn
後ろ	后	hòu	后边(儿)	hòubian(r)	后面	hòumiàn
上	上	shàng	上边(儿)	shàngbian(r)	上面	shàngmiàn
下	下	xià	下边(儿)	xiàbian(r)	下面	xiàmiàn
中	里	lǐ	里边(儿)	lǐbian(r)	里面	lǐmiàn
外	外	wài	外边(儿)	wàibian(r)	外面	wàimiàn
そば	旁	páng	旁边(儿)	pángbiān(r)		

「方位詞」は"书包里""书包里边(儿)"のように、名詞の後ろに直接つけて用いられます。"里"や"上""下"など1音節の方位詞は通常軽声で読まれます。"～边儿"と"～面"は同じ意味になりますが、"～面"は書き言葉によく使われます。

☐ "从"や"往"を使う

Cóng zhèr zěnme zǒu?
从这儿怎么走？
ここからどうやって行くのですか？

Cóng zhèr yìzhí zǒu, ránhòu wǎng zuǒ guǎi.
从这儿一直走，然后往左拐。
ここからまっすぐ行って、そのあと左へ曲がります。

Dào Xīzhímén zěnme zǒu?
到西直门怎么走？
西直門まではどうやって行くのですか？

Yìzhí zǒu, ránhòu zài dì'èr ge lùkǒu wǎng yòu guǎi.
一直走，然后在第二个路口往右拐。
まっすぐ行って、そのあと2番目の交差点を右へ曲がります。

解説
"从"と"往"は前置詞です。"从"は空間や時間の起点を表し、日本語の「～から」に相当します。"往"は動作が向かう方向を表し、日本語の「～へ」に相当します。「どうやって行きますか？」と道を尋ねるときは"怎么走?"と言います。

ドリルに挑戦してみましょう。

前のページで学習したことや「ヒントのカード」を参考に、①〜⑧の（　）を埋め、中国語を完成させましょう。（答えはページの下にあります）。

ヒントのカード

病院 yīyuàn 医院	学校 xuéxiào 学校	(公衆)便所、トイレ cèsuǒ 厕所	インターネットカフェ wǎngbā 网吧
郵便局 yóujú 邮局	メガネ yǎnjìng 眼镜	天安門 Tiān'ānmén 天安门	医者 yīshēng 医生

①病院はどこにありますか？

医院（　　　）哪儿？

②病院は学校の前にあります。

医院在学校（　　　）边儿。

③お医者さんはあそこにいます。

医生在（　　　）。

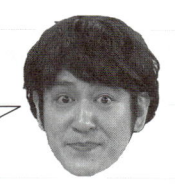

> 右、左、前、後ろ、それぞれ言い方がいろいろあって、正直ぼくも頭の中ごちゃごちゃでした。

④トイレは地下鉄の駅の中にあります。

厕所在地铁站（　　　）边儿。

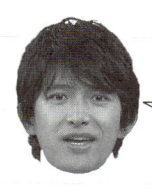

⑤インターネットカフェは郵便局のそばにあります。

网吧在（　　　）旁边儿。

> 道に迷ったら⑦の言い方です。これ知らないと大変です！

⑥あなたのメガネはここにあります。

你的眼镜在（　　　）。

⑦天安門まではどうやって行きますか？

到天安门（　　　）？

⑧ここからまっすぐ行って、そのあと右へ曲がります。

从这儿一直走，然后（　　　）。

答え
①在　②前　③那儿または那里　④里　⑤邮局
⑥这儿または这里　⑦怎么走　⑧往右拐

よかったね！長山社長

長山: Nǐ hǎo, dǎrǎo yíxià.
你好，打扰一下。
こんにちは。お邪魔します。

長山: Wǒ mílù le, xiǎng wèn yíxiàr……
我迷路了，想问一下儿……
道に迷ってしまったのです、お尋ねしますが……

地図を出して道を尋ねる長山。

長山: Zhèige gōngsī zài nǎr?
这个公司在哪儿？
この会社はどこにありますか？

女性: Wǒmen zài zhèr ne.
我们在这儿呢。
わたしたちは今ここね。

Níngměi diànqì zài Xīzhímén ne.
宁美电器在西直门呢。
寧美電器は西直門にあるわ。

長山: Dào Xīzhímén zěnme zǒu?
到西直门怎么走？
西直門へはどう行けばいいでしょうか？

女性: Yìzhí zǒu, ránhòu zài dì'èr ge lùkǒur wǎng yòu guǎi.
一直走，然后在第二个路口儿往右拐。
まっすぐ行って、2つ目の十字路を右に曲がったところよ。

長山: Xièxie!
谢谢！
ありがとう！

長山: Yìzhí zǒu, zài dì'èr ge lùkǒu wǎng yòu guǎi…….
一直走，在第二个路口往右拐……。
まっすぐ行って、2つ目の十字路を右に曲がる……。

段が長山を見つけ、手をふりながら。

段: あ、長山さん！

長山: Xiǎo Duàn, zhōngyú gǎnshang le.
小段，终于赶上了。
段さん、やっと間に合った。

段: Tài hǎo le. Wǒ hái dānxīn nín zěnme yìzhí bù lái ne. Nà kuài zǒu ba!
太好了。我还担心您怎么一直不来呢。那快走吧！
よかった。どうしてずっと来ないのかって心配したんですよ。急いで行きましょう！

ナレーション: 不用说，第二天，长山的肌肉一定会极度疼痛。
言うまでもなく、翌日、極度の筋肉痛が長山を襲うであろう。

イタタタタタ……。

主な語句

xiǎng 想 〜したい	zhōngyú 终于 ついに	dānxīn 担心 心配する
mílù 迷路 道に迷う	wèn 问 尋ねる	gǎnshàng 赶上 間に合う
		kuài 快 急いで、すぐに

第9課

田中直樹、会話に挑戦します！

実は僕、外国でよく道聞かれるんですよ。
今回、道を尋ねることばをマスターしましたので、
あえて逆に、道案内に挑戦します。
今回はおおいに自信ありますよ！

第9課

田中：
Nǐ hǎo.
你好。
こんにちは。

段：
Nǐ hǎo, nǐmen hǎo. Bù hǎoyìsi. Wǒ mílù le.
你好，你们好。不好意思。我迷路了。
こんにちは。すみません。道に迷ってしまったのですが、

Néng bāngbang wǒ ma?
能帮帮我吗？
助けてもらえますか？

田中：
Nǐ qù nǎr?
你去哪儿？
どこへ行きますか？

段：
Wǒ qù yīyuàn. Kěshì yīyuàn zài nǎr a?
我去医院。可是医院在哪儿啊？
病院へ行きます。でも病院はどこにありますか？

田中：
Yīyuàn zài zhèr.
医院在这儿。
病院はここにあります。

段：
Zài zhèr.
在这儿。
ここですね。

田中：
Duì.
对。
そうです。

段：
Hǎo, Xièxie!
好，谢谢！
はい、ありがとう！

（段、走って戻って来る）

段：
Bù hǎoyìsi. Wǒ lùchī.
不好意思。我路痴。
すみません。方向音痴なんです。

Háishi bù zhīdào zài nǎr.
还是不知道在哪儿。
やっぱりどこにあるかわかりません。

"路痴"は「方向音痴」
という意味の名詞です。
「私は方向音痴です」は、
正しくは"我是路痴"
と言います。

迷路了。
Mílù le.
道に迷った

然后 往 左 拐。
ránhòu wǎng zuǒ guǎi.
それから 左に曲がります

田中：
Cóng zhèr yìzhí zǒu,
从这儿一直走，
ここからまっすぐ行って、

ránhòu wǎng zuǒ guǎi.
然后往左拐。
それから左に曲がります。

段：
Xièxie! Xièxie! Fēicháng gǎnxiè.
谢谢！谢谢！非常感谢。
ありがとう。どうもありがとうございます。

田中：
Bú kèqi.
不客气。
どういたしまして。

段：
Zhèi xià méi wèntí le.
这下没问题了。
今度は大丈夫だわ。

（段、再び戻って来る）

段：
Duìbuqǐ. Dàodǐ zěnme zǒu cái néng dào yīyuàn a,
对不起。到底怎么走才能到医院啊，
すみません。どう行けば病院に着くの？

néng bāngbang wǒ ma? Shízài zhǎobudào.
能帮帮我吗？实在找不到。
助けてください。どうしても見つからないんです。

田中：
行きましょう一緒に。

段：
Nǐ dài wǒ yìqǐ qù?
你带我一起去？
連れて行ってくれるんですか？

Tài xièxie le.
太谢谢了。
本当にありがとうございます。

Nǐmen liǎ zhēn hǎo.
你们俩真好。
お二人ともいい方ですね。

田中：
Duì.
对。
そうです。

ここの"对"はちょっと
違いますね。
"不客气"と言ったほうが
いいかもしれません。

69

第10課 自分の希望を伝える「〜したい」の言い方

がんばって！長山社長　「商談の空に」編

ナレーション　为了推销新产品，长山经理要去一家大型电器商店进行洽谈。
新製品を売り込むべく、長山はある家電量販店へ商談に向かっていた。

着信音が鳴り、携帯電話で話し始める段。

段
Ā？　Shénme？
啊？　什么？
え？　何ですって？

Wǒ de bǎobèi xiǎomāo Mīmī déle jíbìng !?
我的宝贝小猫咪咪得了急病！？
わたしのかわいい子ネコちゃんが急病！？

長山さん、

Wǒ děi xiān zǒu le. Nín hǎohāor tán ba！ Mīmī〜！ Mīmī〜！
我得先走了。您好好儿谈吧！ 咪咪〜！咪咪〜！
わたし先に行かなきゃ！ がんばってください。ミミちゃん!!

長山　ちょ、ちょっと無理だよ！

ナレーション　长山经理一个人能顺利地完成洽谈吗!?
長山社長は果たして一人で商談をまとめることが出来るのか!?
大丈夫かなぁ…。

先方の会社で。

李
"Rèrè xiānsheng", wǒ juéde zhè shì yí ge fēicháng yǒu chuàngyì de shāngpǐn.
"热热先生"，我觉得这是一个非常有创意的商品。
"熱熱先生"、とても独創的な製品ですね。

Zhènghǎo xiàgeyuè yǒu yì jiā fēndiàn kāiyè, wǒmen huì jǔxíng dàguīmó de zhǎnxiāo huódòng.
正好下个月有一家分店开业，我们会举行大规模的展销活动。
ちょうど来月オープンする新店舗で、大々的なフェアを行う予定です。

主な語句

tán 谈 话す、対談する	zhènghǎo 正好 折よく	fēndiàn 分店 支店	jǔxíng 举行 行う
bǎobèi 宝贝 かわいい子	juéde 觉得 〜と思う、感じる	xiàgeyuè 下个月 来月	kāiyè 开业 開業する	zhǎnxiāo 展销 展示し即売する

Nà shíhou kěyǐ bǎ tā zuòwéi zhǔdǎ shāngpǐn lái jièshào.
那时候可以把它作为主打商品来介绍。
そこでのイチオシ商品として紹介してもいい。

Pīfājià shì duōshao?
批发价是多少?
卸値はいくらを想定していますか?

長山　Yì tái wǔbǎi yuán.
一台五百元。
1台500元です。

李　Wǔbǎi yuán!? Tài guì le ba. Nà shòujià qībǎi yuán yě xiàbulái ba!
五百元!? 太贵了吧。那售价七百元也下不来吧!
500元!? 高すぎるな。それじゃ売値は700元を下らないでしょう。

Zhèyàng ba. Yì tái sìbǎi sānshí yuán. Wǒ xiān jìn wǔbǎi tái.
这样吧。一台四百三十元。我先进五百台。
どうでしょう。1台430元では。まずは500台仕入れます。

長山　1台430元で500台…。う～む。

李　Zěnmeyàng?
怎么样?
どうでしょうか?

長山　Ng…, wǒ xiàng Dōngjīng quèrèn yíxià, zài dáfù nín.
嗯…, 我向东京确认一下, 再答复您。
ええと、東京に確認してからお返事します。

李　Hng. Wǒ zhīdao Rìběn de qǐyè dōu hěn shènzhòng, nǐmen hǎohāor kǎolǜ ba.
哼。我知道日本的企业都很慎重, 你们好好儿考虑吧。
ふむ。日本企業が慎重なのはよく知っていますから、よく検討してください。

Búguò, zhèyàng de huà, jiù gǎnbushàng xīn fēndiàn de zhǎnxiāo huódòng le.
不过, 这样的话, 就赶不上新分店的展销活动了。
ただ、それでは、新店舗のフェアには間に合わないでしょう。

Yǐhòu wǒmen yǒu jīhuì zài hézuò. Wǒ háiyǒu biéde yuēdìng, shīpéi le.
以后我们有机会再合作。我还有别的约定, 失陪了。
また、別の機会に。次の約束がありますので、失礼。

部屋を出て行こうとする李。

長山　あ、Qǐng děng yíxià.
请等一下。
ちょっと待ってください。

なんか言わないと!　せっかくのチャンスが無駄に!

李　Nà, wǒmen hòu huì yǒu qī.
那, 我们后会有期。
では、またご縁がありますように。

ナレーション　怎么就不能明确地说出自己的愿望呢!　长山经理对自己的中文水平悔恨不已。
なぜストレートに自分の希望を言えないのか、长山は自分の中国語力を呪った。

こんなとき自分の希望をうまく伝えられたら!

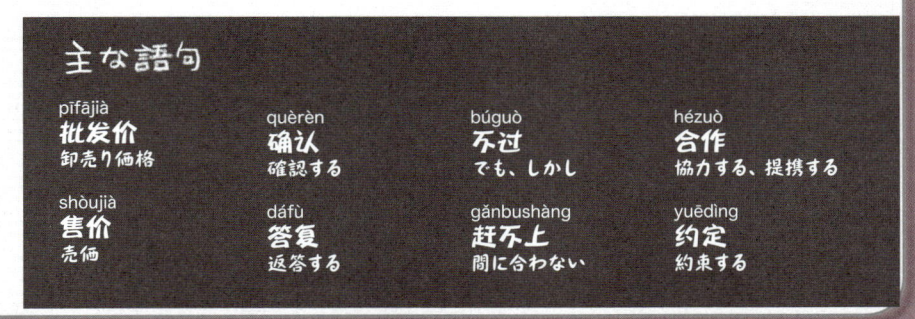

主な語句

| pīfājià 批发价 卸売り価格 | quèrèn 确认 確認する | búguò 不过 でも、しかし | hézuò 合作 協力する、提携する |
| shòujià 售价 売価 | dáfù 答复 返答する | gǎnbushàng 赶不上 間に合わない | yuēdìng 约定 約束する |

去	旅行	买	电脑	汽车	房子	做	等
qù 行く	lǚxíng 旅行	mǎi 買う	diànnǎo パソコン	qìchē 自動車	fángzi 家・家屋	zuò する	děng 待つ

陳淑梅の ときどき厳しい 文法講座

□「〜したい」「〜するつもりだ」と言う、尋ねる

主語＋"想"／"要"＋動詞フレーズ

Nǐ xiǎng zuò shénme?
你想做什么？ ——— 我想去旅行。Wǒ xiǎng qù lǚxíng.
あなたは何をしたいのですか？ わたしは旅行に行きたいです。

Wǒ bù xiǎng cúnqián.
我不想存钱。
わたしは貯金したくありません。

Nǐ xiǎng bu xiǎng mǎi diànnǎo?
你想不想买电脑？
あなたはパソコンを買いたいですか？

Nǐ yào mǎi dōngxi ma?
你要买东西吗？
あなたは買い物をしたいですか？

解説
"想" xiǎngは「〜したい」「〜するつもりだ」という意味を表す助動詞です。中国語の助動詞は動詞の前に置かれます。「〜したくない」と言いたい場合は"想"の前に"不"を置きます。反復疑問文は"想不想〜"となります。
「〜したい」と言うときには、"想"のほかに、助動詞"要"を使うこともできます。たとえば"您要不要喝咖啡?" Nín yào bu yào hē kāfēi? など。"想"にくらべ、"要"は意志を表すニュアンスが強いです。「〜したい」という意味の"要〜"の否定文は"×不要〜"ではなく"不想〜"を使います。つまり、「飲みたくない」と言いたいときは"×我不要喝咖啡。"ではなく、"我不想喝咖啡。"となるのです。

□「ちょっと〜する」と言う

ちょっと見てください。

Kàn yíxià.   Kànkan.   Kànyikan.
看一下。   看看。   看一看。

「ちょっと〜する」は、中国語では三つの言い方ができます。
①動詞＋"一下"、
②動詞を重ねる、
③動詞＋"一"＋動詞。

Qǐng děng yíxià.
请等一下。
ちょっとお待ちください。

Wǒ xiǎng zài gēn nín tántan pīfā jiàgé.
我想再跟您谈谈批发价格。
わたしはあなたと卸値についてまたお話をしたいです。

"看看"のように動詞を重ねると「ちょっと〜する」。なんかこの言い方かわいいですよね。

Wǒmen zài hǎohāor tányitan.
我们再好好儿谈一谈。
わたしたちはまたよく話しましょう。

解説
"一下"は「ちょっと」という意味。「動詞＋"一下"」の形で「ちょっと〜する」という意味を表します。
"看看。"のように、同じ動詞をくりかえすことを「動詞の重ね型」と言います。これも「ちょっと〜する」という意味を表します。また、1音節の動詞の場合は動詞と動詞の間に"一"を入れて言うこともできます（"看一看"のように）が、2音節の動詞の場合は、間に"一"は入りません（"×休息一休息"とは言いません）。

ドリルに挑戦してみましょう。

前のページで学習したことや「ヒントのカード」を参考に、①～⑧の（　）を埋め、中国語を完成させましょう。（答えはページの下にあります）。

ヒントの カード

おいしいものを食べる	チョコレートを食べる	服を買う	自動車を買う
chī hǎochī de	chī qiǎokèlì	mǎi yīfu	mǎi qìchē
吃好吃的	吃巧克力	买衣服	买汽车

家を買う	数える	味見する	尋ねる
mǎi fángzi	shǔ	cháng	wèn
买房子	数	尝	问

第10課

①おいしいものを食べに行きたいですか？

你想（　　　）去吃好吃的？

②わたしは服を買いたいです。

我想（　　　）衣服。

③わたしは自動車を買いたいです。

我想（　　　）。

「～したい」の言い方は大事ですね。

④わたしは家を買いたくないです。

我（　　　）买房子。

⑤ちょっと数えてください。

请（　　　）一下。

食べたい、飲みたい、買いたい、いろんな時に使いますね！

⑥ちょっと味見してください。

请（　　　）一尝。

⑦チョコレートを食べたいですか？

你想吃巧克力（　　　）？

⑧わたしはちょっとお尋ねしたいです。

我想（　　　）一下。

答え
①不想　②买　③买汽车　④不想　⑤数　⑥尝　⑦吗　⑧问

よかったね！長山社長

李　Nà, wǒmen hòu huì yǒu qī.
　　那，我们后会有期。
　　では、またご縁がありますように。

長山　Qǐng děng yíxià!
　　请等一下！
　　ちょっと待ってください！

李　Ńg？…Háiyǒu shénme shì？
　　嗯？…还有什么事？
　　はい？…まだ何か？

長山　Lǐ xiānsheng, wǒ xiǎng zài gēn nín tántan pīfājiàgé.
　　李先生，我想再跟您谈谈批发价格。
　　李さん、卸値についてもっとお話をしたいのですが。

李　Hǎo ba. Kěshì méiyǒu Dōngjīng zǒngbù de pīshì….
　　好吧。可是没有东京总部的批示…。
　　ええ。ですが東京本部の指示が無いと…。

長山　Qǐng děng wǔ fēnzhōng. Wǒ wènyiwèn zǒnggōngsī de yìjiàn.
　　请等五分钟。我问一问总公司的意见。
　　5分だけ待ってください。本社の意向を打診します。

　　電話をかける長山。

　　Zǒngbù yào wǒ quánquán fùzé. Zhèige shāngpǐn duì wǒ gōngsī lái shuō fēicháng zhòngyào.
　　总部要我全权负责。这个商品对我公司来说非常重要。
　　本社はわたしに一任したいそうです。この商品はわが社にとって非常に重要です。

　　Wǒ hěn xīwàng guìdiàn néng jīngxiāo wǒmen de shāngpǐn.
　　我很希望贵店能经销我们的商品。
　　ぜひ御社に取り扱ってほしいと思っています。

　　Suǒyǐ, wǒmen yìqǐ zhǎoyizhǎo shuāngfāng dōu mǎnyì de tiáojiàn, hǎo ma？
　　所以，我们一起找一找双方都满意的条件，好吗？
　　ですから、双方が満足できる条件を一緒に探っていきましょう。

李　…Ńg, hǎo ba. Suǒwèi "hǎo shì duō mó". Wǒ zài ānpái yíxià shíjiān,
　　…嗯，好吧。所谓"好事多磨"。我再安排一下时间，
　　…うん、わかりました。いわゆる「好事魔多し」ですね。このあと時間を作りますので、

　　wǒmen zài hǎohāor tántan, tándàole shuāngfāng dōu mǎnyì wéizhǐ.
　　我们再好好儿谈谈，谈到了双方都满意为止。
　　お互い納得するまで、よく話しましょう。

ナレーション　长山经理总算扭转了僵局，使谈判继续了下去。然而，严峻的商战才刚刚开始。
何とかこう着状態をひっくり返し、商談を続けられた長山。しかし、厳しいビジネスは始まったばかりだ。

段　Hái hǎo, zhǐshì māoliáng qiǎ sǎngzi le. Yǐhòu nǐ kě děi mànmānr chī! Xiǎo Mīmī.
　　还好，只是猫粮卡嗓子了。以后你可得慢慢儿吃！小咪咪。
　　よかった、キャットフードがのどにつかえただけだったのね。
　　これからは、ゆっくり食べなきゃダメよ！ミミちゃん。

主な語句

	wǔ fēnzhōng 五分钟 5分間	jīngxiāo 经销 取次販売する	hǎo shì duō mó 好事多磨 好事魔多し、紆余曲折があるものだ	wéizhǐ 为止 ～までに、～までのところ
zǒngbù 总部 本部	zǒnggōngsī 总公司 本社	yìqǐ 一起 一緒に	ānpái 安排 手配する	qiǎ 卡 ひっかかる
pīshì 批示 指示(を与える)	fùzé 负责 責任を負う、責任を持つ	suǒwèi 所谓 いわゆる		sǎngzi 嗓子 のど

田中直樹、会話に挑戦します！

取引先の女性を接待することになって、
レストランにお招きしたんですよ。
こだわりが強い方らしくて……注文に気を遣います。
好みを聞き出せるように頑張ります。

主な語句
ròu
肉
肉

shūcài
蔬菜
野菜

你想吃肉吗？
Nǐ xiǎng chī ròu ma?
あなたは肉を食べたいですか？

第10課

田中　Duìbuqǐ.
　　　对不起。
　　　ごめんなさい。

段　　Méi guānxi.
　　　没关系。
　　　いいえ。

田中　（メニューを見てもらいながら）
　　　Nǐ xiǎng chī shénme?
　　　你想吃什么？
　　　あなたは何を食べたいですか？

段　　Wǒ xiǎng chī shénme?
　　　我想吃什么？
　　　私は何を食べたいですか、ですね？
　　　（メニューを見てしばし悩むと）
　　　Nǐ kànzhe diǎn ba.
　　　你看着点吧。
　　　適当に頼んでください。

"看着"は「見計らって」という意味です。
たとえば"你看着办吧。" Nǐ kànzhe bàn ba. で
「見計らってやりなさい」、
あるいは「適当にやってください」の
意味となります。

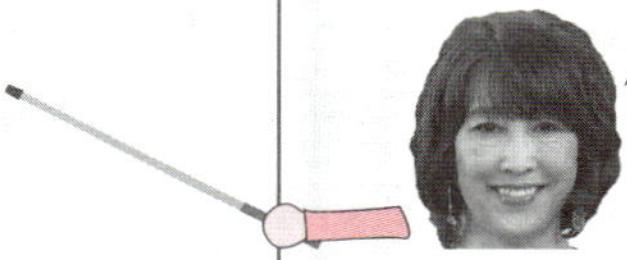

田中　Nǐ xiǎng chī ròu ma?
　　　你想吃肉吗？
　　　あなたは肉を食べたいですか？

段　　Wǒ bù xiǎng chī ròu.
　　　我不想吃肉。
　　　わたしは肉を食べたくないです。

田中　Nǐ xiǎng chī shūcài ma?
　　　你想吃蔬菜吗？
　　　あなたは野菜を食べたいですか？

段　　Wǒ bù xiǎng chī shūcài.
　　　我不想吃蔬菜。
　　　私は野菜を食べたくないです。

　　　Wǒ xiǎng hē jiǔ.
　　　我想喝酒。
　　　私はお酒を飲みたいです。

田中　Nǐ xiǎng hē shénme?
　　　你想喝什么？
　　　あなたは何を飲みたいですか？

段　　Wǒ xiǎng hē píjiǔ, báijiǔ, pútaojiǔ,
　　　我想喝啤酒、白酒、葡萄酒，
　　　私はビール、白酒、ワイン、
　　　wǒ dōu xiǎng hē.
　　　我都想喝。
　　　全部飲みたいです。

田中　全部飲みたい…。
　　　だったらなおさら、
　　　何か入れたほうがいいと思います。

我想喝酒。
Wǒ xiǎng hē jiǔ.
私はお酒を飲みたいです

"我想～"の声調で
何度も失敗してしまいました！
第3声と第3声が連続すると、
前のほうは第2声になりますよね(p7参照)。
陳先生にも何度も直されたんですけど、
難しかったな〜。

第11課 100以上の数もわからないとホントに困る！

がんばって！長山社長　「数字に気をつけろ！」編

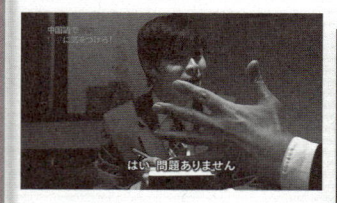

ナレーション　新商品销售的洽谈继续进行着。悬而未决的价格问题也快敲定了。
新商品の販売を巡る商談は続き、懸案の価格の問題も、話し合いが決着しようとしていた。

李　Nàme, wǒmen jiāng zài Běijīng shìnèi suǒyǒu fēndiàn jìnxíng sān ge yuè de
那么，我们将在北京市内所有分店进行三个月的
それでは、北京市内の支店向けに3か月間、

李　shìyànxìng xiāoshòu,
试验性销售，
試験販売を行うにあたり、

qǐng guì gōngsī hé wǒmen qiāndìng dújiā de jīngxiāo hétong.
请贵公司和我们签订独家的经销合同。
我が社と独占契約を結ばせてください。

Zhìyú pīfā jiàgé ma, dì yī ge yuè yǐ jìnhuò yìqiān tái wéi tiáojiàn,
至于批发价格嘛，第一个月以进货一千台为条件，
卸値は初めの1か月は1000個仕入れることを条件に、

yì tái a, sìbǎi yuán. Cóng dì'èr ge yuè kāishǐ,
一台啊，四百元。从第二个月开始，
1台400元。翌月から、

měi tái ne, sìbǎi wǔshí yuán yǐshàng, nín yìxià rúhé?
每台呢，四百五十元以上，您意下如何？
1台、450元以上ということでよろしいでしょうか。

長山　うん、500元か。

Hǎo, méi wèntí.
好，没问题。
はい、問題ありません。

主な語句

		jīngxiāo 经销 取次ぎ販売する	jìnhuò 进货 仕入れる
jìnxíng 进行 行う、進行する	guì gōngsī 贵公司 御社	hétong 合同 契約	yìxià 意下 心の中
shìyàn 试验 試験する	qiāndìng 签订 （契約を）結ぶ	zhìyú 至于 〜になる	rúhé 如何 いかに、どのように

ナレーション 经过一番交涉，终于要签合同了。最后，还要仔细地确认合同的内容。
交渉のすえ、ようやく契約書を交わすまでたどり着いた。最後に、契約内容は細かく確認せねばならない。

李： *Chángshān xiānsheng, quèrèn yǐhòu qǐng nín zài zhèli qiānzì.*
长山先生，确认以后请您在这里签字。
長山さん、確認の上、ここにサインをお願いします。

長山： *Hǎo de.*
好的。
わかりました。

長山： ん！ あれ、ここ、数字が違う！

長山： *Zhèige shùzì búduì.*
这个数字不对。
あの、ここの数字は誤りです。

長山： *Bú shì sìbǎi wǔshí yuán, shì wǔbǎi yuán!*
不是四百五十元，是五百元！
450元ではなく500元ですよね？

李： *Zěnme huì ne? Bù kěnéng a.*
怎么会呢？ 不可能啊。
そんなはずはありません。まさか。

李： *Wǒmen gānggāng shuō de jiù shì sìbǎi wǔshí yuán a!*
我们刚刚说的就是四百五十元啊！
450元と申し上げたはずです。

李： *Chángshān xiānsheng, xiànzài fǎnhuǐ, kě bùxíng a.*
长山先生，现在反悔，可不行啊。
長山さん、この段階で取り消すのは、いけませんよ。

長山： *…Búduì, wǒ gāngcái tīngjiàn de jiù shì wǔbǎi yuán.*
…不对，我刚才听见的就是五百元。
…いえ、確か500元と聞きました。

李： *…Chángshān xiānsheng, zhèyàng dehuà wǒmen yě méi fǎr tán le.*
…长山先生，这样的话我们也没法儿谈了。
…長山さん、こんなことでは話になりません。

Zhè cì de qiàtán jiù dāng wúxiào ba.
这次的洽谈就当无效吧。
今回のことは白紙に戻させてください。

Hěn yíhàn.
很遗憾。
残念です。

ナレーション 眼看就要成功了，嘻，长山经理可真是有苦难言。
あと一歩のところまでこぎつけたのに。長山は苦渋をかみしめていた。

数字をきちんと確認できていれば。

主な語句

qiānzì	bùxíng	qiàtán
签字	不行	洽谈
サインする	よくない、いけない	面談する

fǎnhuǐ	tīngjiàn	yíhàn
反悔	听见	遗憾
気が変わる	耳に入る	残念である

第11課

今回の必須単語はコレだ！

领带	袜子	块	毛	百	千
lǐngdài	wàzi	kuài	máo	bǎi	qiān
ネクタイ	くつ下	〜元	〜角	百	千

陳淑梅のときどき厳しい文法講座

□100以上の数字を使う

第11課

yìbǎi
一百
100

yìbǎi líng yī
一百零一
101

yìbǎi wǔshí
一百五十
150

150は"一百五" yìbǎi wǔ とも言います。

èrbǎi(liǎngbǎi)
二百（两百）
200

yìbǎi yīshí
一百一十
110

sìbǎi wǔshí
四百五十
450

450は"四百五" sìbǎi wǔ とも言います。

sānbǎi
三百
300

yìbǎi yīshiwǔ
一百一十五
115

yìqiān
一千
1000

yìqiān líng yīshí
一千零一十
1010

liǎngqiān
两千
2000

yìqiān líng yī
一千零一
1001

yìqiān yìbǎi yīshiyī
一千一百一十一
1111

yíwàn
一万
10000

中国のお金の言い方

yìbǎi kuài
一百块

liǎngbǎi kuài
两百块

sìbǎi wǔshí yuán
四百五十元

中国の貨幣は"人民币"（人民元）です。"人民币"の単位は"元"、話しことばでは"块"。さらに"元"の十分の一は"角"（話しことばでは"毛"）、"角"（毛）の十分の一は"分"です。

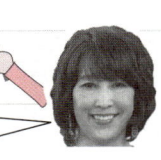

しかし紙幣の上には"元"でも"块"でもなく、"元"と同じ発音の漢字"圆"が印刷されています。

解説

100以上の数字の言い方には、いくつか注意してほしいところがありますが、まずは下記の2点に注意しましょう。
①「200」は通常"二百"と"两百"の両方使い、「2000」は"两千"と言う。
②「101」「2001」のように「0」がはさまれている場合は「0」の数にかかわらず零を入れる。

数字の「2」は、順番やナンバーを言う時は"一、二、三…" yī èr sān...のように言いますが、数量や分量を言う時、たとえば「二つ」の場合は"两个"。「二日間」は"两天"のように言います。

2は"二"だったり"两"だったりするんですね。前に出てきた「2時」も"两"だったかな……この使い分けは難しいなぁ。

□量詞を使う

量詞	修飾する名詞の例	数詞＋量詞＋名詞
个 gè ※ 「〜個」と同じように使う。人にも使う。	苹果(リンゴ)、人(ひと)、鸡蛋(卵)	一个苹果
台 tái 機械を数える。	电脑(パソコン)、电视(テレビ)	一台电脑
条 tiáo 細長いものを数える。	领带(ネクタイ)、裙子(スカート)、裤子(ズボン)	一条领带
双 shuāng 対になるものを数える。	袜子(くつ下)、鞋(くつ)、筷子(箸)	一双袜子
张 zhāng 平面の目立つものを数える。	纸(紙)、票(チケット)、地图(地図)	一张票
块 kuài 塊状のものを数える。	手表(腕時計)、糖(キャンディー)、豆腐(豆腐)	一块手表
杯 bēi カップに入ったものを数える。	咖啡(コーヒー)、水(水)、茶(茶)	一杯咖啡
辆 liàng 車や自転車を数える。	汽车(自動車)、自行车(自転車)	一辆汽车
种 zhǒng ※2 人や事物を数える。	外语(外国語)、情况(状況)、人(ひと)	一种外语

※ "个"は第4声ですが、"一个苹果"など量詞として使われるときは、習慣的に軽声で読みます。
※2 "种"は「種類」の「種」の簡体字です。

第11課

yì tái sìbǎi wǔshí yuán
一台四百五十元
1台450元
("台"は機会や設備などを数える量詞。)

sān jiā xiāoshòu zhōngxīn
三家销售中心
3軒の量販センター

shí'èr jiā fēndiàn
十二家分店
12の支店

("家"は店や企業を数える量詞。)

解説
日本語で物の数を数えるときには、「〜枚、〜冊、〜杯」と言うように、中国語にもそれに当たるものがあり、これらを「量詞」と言います。「数詞＋量詞＋名詞」の形で使われます。量詞はたくさんありますが、よく使われるものから少しずつ覚えていきましょう。

ドリルに挑戦してみましょう。

前のページで学習したことや「ヒントのカード」を参考に、①〜⑧の（　）を埋め、中国語を完成させましょう。(答えはページの下にあります)。

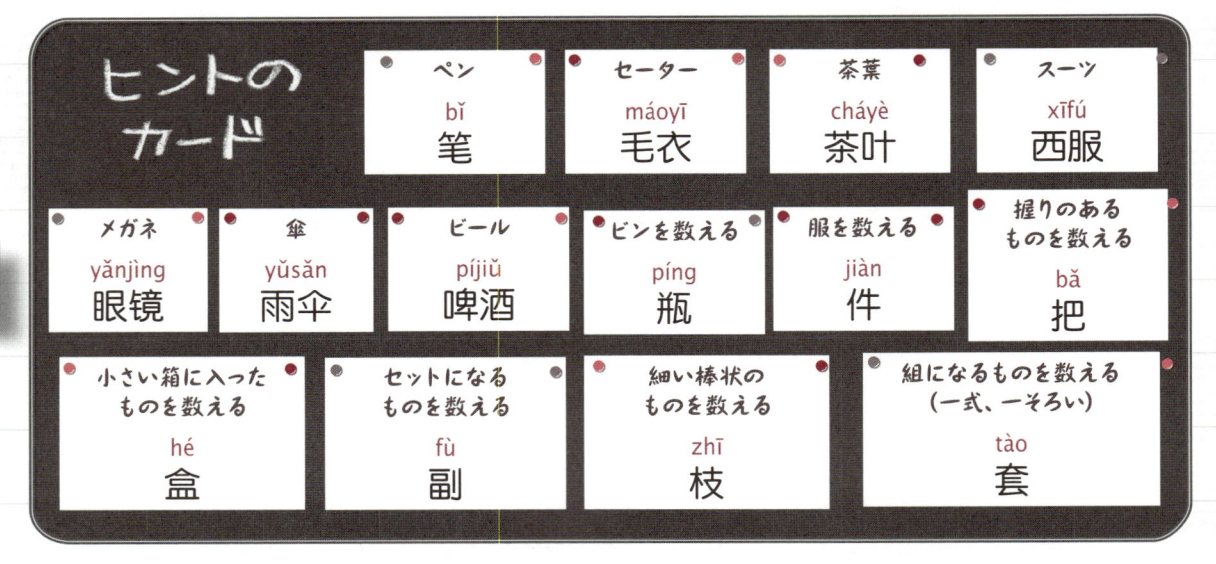

ヒントのカード

| ペン bǐ 笔 | セーター máoyī 毛衣 | 茶葉 cháyè 茶叶 | スーツ xīfú 西服 |

| メガネ yǎnjìng 眼镜 | 傘 yǔsǎn 雨伞 | ビール píjiǔ 啤酒 | ビンを数える píng 瓶 | 服を数える jiàn 件 | 握りのあるものを数える bǎ 把 |

| 小さい箱に入ったものを数える hé 盒 | セットになるものを数える fù 副 | 細い棒状のものを数える zhī 枝 | 組になるものを数える（一式、一そろい）tào 套 |

第11課

① ペン12本で40元。
十二（　　　）笔四十块。

② 本1冊で50元。
一（　　　）书五十块。

③ セーター1着で300元。
一（　　　）毛衣三百块。

④ 茶葉2箱で200元。
两盒（　　　）两百（二百）块。

⑤ スーツ3セットで7000元。
三套（　　　）七千块。

⑥ メガネ一つで800元。
一副（　　　）八百块。

⑦ 腕時計1本で10000元。
一块手表（　　　）块。

⑧ ビール10本で120元。
十瓶（　　　）一百二十块。

「量詞」はたっくさんあって難しいですよね。
前のページのものも全部は覚えられなかったなぁ
(陳先生には秘密ですよ)。

最初から全部は難しいですね。だんだんと覚えていきましょう！

答え
①枝　②本　③件　④茶叶　⑤西服
⑥眼镜　⑦一万　⑧啤酒

よかったね！長山社長

李
Zhìyú pīfā jiàgé ma, dì yī ge yuè yǐ jìnhuò yìqiān tái wéi tiáojiàn, yì tái a, sìbǎi yuán.
至于批发价格嘛，第一个月以进货一千台为条件，一台啊，四百元。
卸値は初めの1か月は1000個仕入れることを条件に、1台400元。

Cóng dì'èr ge yuè kāishǐ, měi tái ne, sìbǎi wǔshí yuán yǐshàng, nín yìxià rúhé?
从第二个月开始，每台呢，四百五十元以上，您意下如何？
翌月から、1台、450元以上ということでよろしいでしょうか。

長山
Wǒ zài quèrèn yíxià. Dìyī ge yuè jìnhuò yìqiān tái dehuà, yì tái duōshao qián?
我再确认一下。第一个月进货一千台的话，一台多少钱？
もう一度確認させてください。最初の月が1000台仕入れるとしたら、1台いくらですか？

李
Yì tái sìbǎi yuán.
一台四百元。
1台400元です。

長山
Dì'èr ge yuè yǐhòu ne?
第二个月以后呢？
翌月以降は？

李
Yì tái sìbǎi wǔshí yuán.
一台四百五十元。
1台450元です。

長山
Shì sìbǎi wǔshí yuán…. Gè fēndiàn de xiāoshòuliàng dàyuē néng yǒu duōshao?
是四百五十元…。各分店的销售量大约能有多少？
450元か…。御社各店舗の販売個数をどのように予想されますか？

李
Měi ge fēndiàn de gùkè liúliàng bù tóng, jìnjiāo de shí'èr jiā fēndiàn píngjūn měi yuè néng màichu bāshí tái,
每个分店的顾客流量不同，近郊的十二家分店平均每月能卖出八十台，
店によって集客力が違いますが、郊外の12店舗ではおよそ月平均80台、

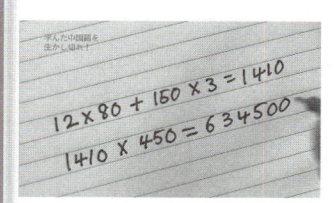

李
shìnèi de sān jiā xiāoshòu zhōngxīn píngjūn měi yuè dàyuē néng mài yìbǎi wǔshí tái ba.
市内的三家销售中心平均每月大约能卖一百五十台吧。
市内3か所の量販センターでは月平均150台といったところでしょう。

長山
Shí'èr chéngyǐ bāshí jiā yìbǎi wǔ chéngyǐ sān děngyú yìqiān sìbǎi yīshí.
十二乘以八十加上一百五乘以三等于一千四百一十。
12×80+150×3=1410。

Yìqiān sìbǎi yīshí chéngyǐ sìbǎi wǔ děngyú liùshisānwàn sìqiān wǔbǎi…….
一千四百一十乘以四百五等于六十三万四千五百……。
1410×450=634500……。

長山
Ǹg…. Háishi xīwàng néng mài wǔbǎi yuán.
嗯…。还是希望能卖五百元。
ふむ…。やはり500元でお願いしたいところです。

Lǐ xiānsheng, zhèige shāngpǐn yídìng huì chàngxiāo de. Xiāoshòu'é kěndìng yě huì zēngjiā de.
李先生，这个商品一定会畅销的。销售额肯定也会增加的。
李さん、この商品は必ず売れます。販売額も必ず伸びていくはずです。

李
Ǹg. Hǎo ba, wǒ jiù xìn nǐ yì huí, wǔbǎi kuài!
嗯。好吧，我就信你一回，五百块！
うん。わかりました、あなたを信じて、500元で！

ナレーション
一个数字，天壤之别。双方促膝交谈，合同终于谈成了。
数字一つで天地の違い。互いに納得できるまで話し合い、ついに契約を交わすことができた長山だった。

よかったね！

主な語句

dàyuē	gùkè	jìnjiāo	chàngxiāo
大约	顾客	近郊	畅销
およそ	客、顧客	近郊	よく売れる

第11課

田中直樹、会話に挑戦します！

今回はバイヤーの仕事に挑戦です。ズボンの卸売り業者に行き、数字を駆使して交渉してみせます！
阿部さんには「ズボンをたくさん仕入れてください」と言われたんですが、少しだけ仕入れてみようかな……。

主な語句

kùzi
裤子
ズボン

第11課

田中　Yǒu rén ma?
　　　有人吗？
　　　誰かいますか？

段　À, huānyíng guānglín.
　　啊，欢迎光临。
　　いらっしゃいませ。

　　Nǐ men xiǎng yào diǎnr shénme yā?
　　你们想要点儿什么呀？
　　何が必要ですか？

田中　Wǒ xiǎng mǎi kùzi.
　　　我想买裤子。
　　　わたしはズボンを買いたいです。

段　Kùzi, yǒu. Zhè dōu shì kùzi.
　　裤子，有。这都是裤子。
　　ズボン、あるわよ。これ全部ズボンです。

　　Kùzi yì xiāng yìqiān èrbǎi kuài.
　　裤子一箱一千二百块。
　　ズボン1箱1200元です。

田中　Yì xiāng yǒu jǐ tiáo kùzi?
　　　一箱有几条裤子？
　　　1箱に何本のズボンが入っていますか？

段　Yì xiāng yǒu yìbǎi èrshí tiáo kùzi.
　　一箱有一百二十条裤子。
　　1箱に120本入っています。

田中　Yì tiáo kùzi bā kuài, hǎo ma?
　　　一条裤子八块，好吗？
　　　ズボン1本8元でいいですか？

段　Bā kuài? Tài piányi le, bùxíng.
　　八块？太便宜了，不行。
　　8元？ 安すぎる！ だめです。

　　Jiǔ kuài yì tiáo wǒ dǎo shì kěyǐ kǎolǜkǎolǜ.
　　九块一条我倒是可以考虑考虑。
　　1本9元だったら考えてあげてもいいけど。

田中　Yì tiáo kùzi bā kuài jiǔ máo, hǎo ma?
　　　一条裤子八块九毛，好吗？
　　　ズボン1本8.9元でいいですか？

段　Jiù chà yì máo qián? Nǐ tài xiǎoqì le ba.
　　就差一毛钱？你太小气了吧。
　　たった1角？ ケチね、あなた。

　　Wǒ suànsuan a.
　　我算算啊。
　　ちょっと待って。

　　Xíng a.
　　行啊。
　　いいわよ。

田中　Wǒ yào yì tiáo kùzi.
　　　我要一条裤子。
　　　ズボン1本ください。

段　Yì tiáo kùzi? Nǐ jiù mǎi yì tiáo kùzi?
　　一条裤子？你就买一条裤子？
　　ズボン1本？ たった1本？

　　Wǒ zhè (mài) shì yì xiāng mài de.
　　我这（卖）是一箱卖的。
　　1箱でしか売らないから、

　　Yì tiáo bú mài. Bú mài！ bú mài！
　　一条不卖。不卖！不卖！
　　1本じゃダメ！ 売らない、売らない！

阿部　1本じゃ売らないそうです。
　　　なんで1本なんですか？

田中　小さいお店でいいんですよ。僕。

第12課 必須の話題、年齢や干支について話す

がんばって！長山社長　「今夜、宴席の片隅で」編

ナレーション　首次的合同终于谈妥，这一天，长山将设晚宴招待对方客户。在中国的商场上，宴会的交流比正式的洽谈更为重要。长山经理究竟能与对方建立起良好的关系吗？
最初の契約をようやく取り付けた長山は、この日、先方企業を夕食に招いた。中国ビジネスでは宴会での交流は正式な商談以上に重要だ。長山社長は果たして相手と良い関係を築けるだろうか。

胡　Wèi zánmen jīnhòu de fāzhǎn hé yǒuyì, gānbēi!
为咱们今后的发展和友谊，干杯！
互いの発展と友情のために、乾杯！

乾杯した一同、席につく。

王　Qǐng zuò.
请坐。
お座りください。

Chángshān xiānsheng, zhèi cì yǒuyuán yǔ gè wèi hézuò, wǒ fēicháng gāoxìng.
长山先生，这次有缘与各位合作，我非常高兴。
長山さん、今回は良いご縁ができてうれしいです。

長山　Wǒ yě yíyàng. Nà wǒmen de jiāohuò rìqī......
我也一样。那我们的交货日期……。
わたしもです。さっそく納品の期日についてなのですが……。

王　Lái lái lái, hē jiǔ, hē jiǔ.
来来来，喝酒，喝酒。
まぁまぁ、飲みましょう、飲みましょう。

段　長山さん、宴席で仕事の話はしないほうが。

長山　そうなの!?

周囲を見る長山。 
長山　おや？　みなさんお腹いっぱいなのか？

ナレーション　长山经理突然发现大家都没有动筷子。
長山社長は突然、誰も箸を動かしていないことに気づいた。

胡　Lǎobǎn, dōngdàozhǔ bú dòng kuàizi biérén jiù bù néng xiān chī.
老板，东道主不动筷子别人就不能先吃。
社長、ホストが箸を動かさないと、誰も先に食べられません。

長山　ん？

胡　　Xiān bǎ cānjīn zhǎnkāi, ránhòu duì kèren shuō "qǐng yòng cài", jiù kāishǐ chī ba.
　　　先把餐巾展开，然后对客人说"请用菜"，就开始吃吧。
　　　まずナプキンを開いて、それからゲストに「召し上がれ」とお勧めして食べ始めてください。

　　　Qǐng yòng cài……qǐng yòng cài !
　　　请用菜……请用菜！
　　　召し上がってください……召し上がってください！

王　　Āiyā, zuówǎn jiù hēduō le, hái méi huǎnguolai ne.
　　　哎呀，昨晚就喝多了，还没缓过来呢。
　　　いかんな、昨晩飲みすぎたので、まだ持ち直していないのに。

李　　Qíshí a, zuótiān shì wǒmen lǎobǎn de shēngrì.
　　　其实啊，昨天是我们老板的生日。
　　　実は、昨日は社長の誕生日だったんです。

段　　Shì ma ! Nà děi gōngxǐ nín a !
　　　是吗！那得恭喜您啊！
　　　そうでしたか！ではお祝いしなくちゃ！

王　　Xièxie, xièxie, xièxie.
　　　谢谢，谢谢，谢谢！
　　　ありがとうございます。

胡　　Zánmen wèi lǎobǎn de jiànkāng, gān yì bēi !
　　　咱们为老板的健康，干一杯！
　　　社長の健康を祝って、乾杯！

ナレーション　过生日这个话题可以发挥一下。长山经理想趁机露一手。
　　　誕生日という話題は展開できる。そう考えた長山社長は機会に乗じてこう言ってみた。

長山　Jīnnián jǐ suì le ?
　　　今年几岁了？
　　　今年いくつ？

一同　……!?

王　　Hāhāhā ! Wǒ liùshí'èr suì le !
　　　哈哈哈！我六十二岁了！
　　　はっはっは！62歳ですよ！

一同　Ā, hāhāhāhāhā…….
　　　啊，哈哈哈哈哈……。
　　　あ、ははは……。

ナレーション　大概是自己错上加错了。长山悔恨交加。
　　　どうやらミスを重ねてしまったらしい。長山社長は悔しさをかみしめていた。

ああ、こんなとき、中国語でちゃんと年齢を聞けたら！

主な語句

jīnhòu 今后 今後	yǒuyuán 有缘 縁がある	rìqī 日期 期日	shēngrì 生日 誕生日
fāzhǎn 发展 発展	hézuò 合作 協力	dōngdàozhǔ 东道主 （宴会などの）主人役	zánmen 咱们 わたしたち（話し手と聞き手の双方を含む）
yǒuyì 友谊 友情	jiāohuò 交货 納品する	huǎn 缓 回復する	

今回の必須単語はコレだ！

今年	岁数	年纪	属	孩子	先生	太太
jīnnián	suìshu	niánjì	shǔ	háizi	xiānsheng	tàitai
今年	年齢	年齢	(えとで)〜年生まれ	子ども	夫	妻

陈淑梅のときどき厳しい文法講座

□年齢を言う、尋ねる

Nǐ érzi jīnnián jǐ suì ?
你儿子今年几岁？
あなたの息子さんは今年いくつですか？
— (Tā jīnnián) Liǎng suì.
（他今年）两岁。
（彼は今年）2つです。

Nǐ jīnnián duō dà ?
你今年多大？
あなたは今年おいくつですか？
— (Wǒ jīnnián) Èrshiyī suì.
（我今年）二十一岁。
（わたしは今年）21歳です。

Nín jīnnián duō dà suìshu (/niánjì) ?
您今年多大岁数（/年纪）？
あなたは今年おいくつでいらっしゃいますか？
— (Wǒ jīnnián) Liùshí'èr suì.
（我今年）六十二岁。
（わたしは今年）62歳です。

Nín jīnnián duō dà suìshu (/niánjì) le ?
您今年多大岁数（/年纪）了？
あなたは今年おいくつになられましたか？
— (Wǒ jīnnián) Liùshí'èr suì le.
（我今年）六十二岁了。
（わたしは今年）62歳になりました。

（「わたしの母」「彼の家」のように、「人称代名詞＋親族や所属団体など」の場合は「〜の」を表す"的"は通常省略されます。）

> 「2歳」と言う時は"二岁"ではなく"两岁"と言いますよ。

解説

日本語の「〜歳」は中国語では"〜岁"と言います。
年齢を尋ねるときは"多大"を使います。"多"は副詞で形容詞の前に置いて、「どれぐらい〜？」という意味を表します。
"多大"は、比較的に年齢の若い人に尋ねるときに使います。年齢の高い人に尋ねる場合は"岁数"または"年纪"をつけて、丁寧に尋ねます。
10歳以下の子どもの場合"几岁"を使います。
また、"了"を文末につけて「〜になった」という意味を表すこともできます。

□干支を言う、尋ねる

主語＋"属"＋干支

Nǐ shǔ shénme ?
你属什么？
あなたはなに年ですか？

Wǒ shǔ tù.
我属兔。
わたしはウサギ年です。

干支 "属〜"

shǔ 鼠 ね	niú 牛 うし	hǔ 虎 とら	tù 兔 う	(dà)lóng （大）龙 たつ	shé / xiǎolóng 蛇/小龙 み
mǎ 马 うま	yáng 羊 ひつじ	hóu 猴 さる	jī 鸡 とり	gǒu 狗 いぬ	zhū 猪 い ※

※日本の「いのしし年生まれ」は中国では"属猪"（ぶた年生まれ）になります。

解説

中国人は、年齢を言うときに、しばしば干支を一緒に言います。たとえば、"我今年三十一岁，属鸡。"（わたしは今年31歳で、とり年です）など。
上の表は干支の言い方で、単に動物を指す場合と干支の言い方が違うものがあります。たとえば「ねずみ」は普通"老鼠" lǎoshǔ、「うさぎ」は"兔子" tùzi と言いますが、生まれ年の干支を言うときは、"属鼠" shǔ shǔ、"属兔" shǔ tù と言います。また、「へび年生まれ」は"属蛇" shǔ shé の代わりに"属小龙" shǔ xiǎolóng と言うことが多いです。
日本では、西暦の1月1日から干支が変わりますが、中国は旧暦、つまり"春节"が干支の変わり目になります。また、春節の日付は西暦上では毎年変わります。大体1月の下旬から2月の中旬くらいまでの間になります。

> ちなみに、ぼくは「ぶた年」なので、まずそれを覚えました。

ドリルに挑戦してみましょう。

前のページで学習したことや「ヒントのカード」を参考に、①～⑧の（　）を埋め、中国語を完成させましょう。（答えはページの下にあります）。

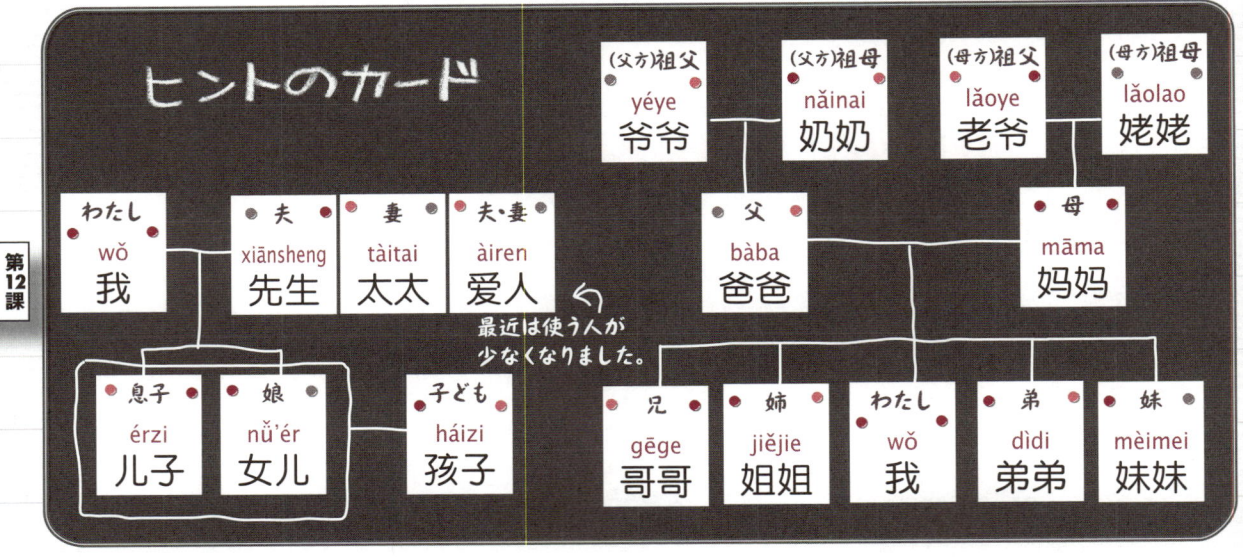

第12課

ヒントのカード

(父方)祖父 yéye 爷爷	(父方)祖母 nǎinai 奶奶	(母方)祖父 lǎoye 老爷　　(母方)祖母 lǎolao 姥姥

わたし wǒ 我 ／ 夫 xiānsheng 先生 ／ 妻 tàitai 太太 ／ 夫・妻 àiren 爱人 （最近は使う人が少なくなりました。）

父 bàba 爸爸 ／ 母 māma 妈妈

息子 érzi 儿子 ／ 娘 nǚ'ér 女儿 ／ 子ども háizi 孩子

兄 gēge 哥哥 ／ 姉 jiějie 姐姐 ／ わたし wǒ 我 ／ 弟 dìdi 弟弟 ／ 妹 mèimei 妹妹

① あなたのお子さんは今年いくつになりましたか？

您孩子今年几岁（　　　）？

② あなたの（父方の）おじいさんは今年おいくつでいらっしゃいますか？

你爷爷今年多大（　　　）？

③ あなたのお母さんはなに年ですか？

你妈妈（　　　）什么？

"先生"と書いて夫というのが意外ですよね。妻は「太い太い」と覚えました。

④ あなたのお兄さんは今年いくつになりましたか？

你哥哥（　　　）多大了？

⑤ わたしの娘は今年5歳になりました。

我（　　　）今年五岁了。

"太太""弟弟"といった場合、後の音節は軽声になりますよ。

⑥ わたしの弟は今年23歳です。

我弟弟今年二十三（　　　）。

⑦ わたしの姉は今年30歳になりました。

我姐姐今年三十岁（　　　）。

⑧ わたしの（母方の）祖母は今年で88歳になりました。

我（　　　）今年八十八岁了。

答え
①了　②岁数または年纪　③属　④今年
⑤女儿　⑥岁　⑦了　⑧姥姥

よかったね！長山社長

胡　*Lái, zánmen wèi Wáng lǎobǎn de jiànkāng, gān yì bēi!*
来，咱们为王老板的健康，干一杯！
さあ、社長の健康を祝って、乾杯！

王　*Xièxie! Xièxie!*
谢谢！谢谢！
ありがとうございます！

長山　*Wáng lǎobǎn, nín jīnnián duō dà suìshu?*
王老板，您今年多大岁数？
王社長、今年でおいくつですか？

王　*Wǒ jīnnián liùshí'èr suì le.*
我今年六十二岁了。
わたしは今年62になりました。

長山　*Ò, nà nín shì shǔ hǔ de. Wǒ shǔ tù, nín kě bié chīle wǒ a!*
哦，那您是属虎的。我属兔，您可别吃了我啊！
ということは、とら年ですか！わたしはうさぎ年です。わたしを食べちゃわないでください！

王　*Nín kě zhēn huì shuōhuà! Zhè tùzi kě bǐ lǎohǔ cōngmíng a!*
您可真会说话！这兔子可比老虎聪明啊！
うまいこと言いますね！このうさぎさんはとらよりも賢いですな！

長山　*Wáng lǎobǎn néng yǒu jīntiān de chéngjì, chuàngyè yídìng yě bù róngyì ba.*
王老板能有今天的成绩，创业一定也不容易吧。
王社長がここまで来られるには、多くの苦労がおありでしたでしょう。

王　*Hāi, yě méi shénme dàbuliǎo de. Wǒ chūshēng zài Shānxīshěng Yùnchéngshì……*
嗨，也没什么大不了的。我出生在山西省运城市……。
いいえ。大したことありません。わたしは山西省運城市の生まれなのですが……。

長山　*Jiù shì Guānyǔ de gùxiāng!*
就是关羽的故乡！
あの関羽の出身地ですね！

王　*Ò! Nín zhīdao de kě zhēn duō a!*
噢！您知道的可真多啊！
おお、よくご存知で！

長山　*Jīngshāngzhě dōu bài Guānyǔ, Guānyǔ shì shāngshén a!*
经商者都拜关羽，关羽是商神啊！
商売人はみんな関羽を拝みます。関羽は商売の神！

王　*Guàibude Wáng lǎobǎn zhème huì zuò shēngyi ne!*
怪不得王老板这么会做生意呢！
どうりで商売にたけていらっしゃるわけだ。

王　*Wǒ háishi dìyī cì hé Rìběnrén zhème yǒuyuán. Lái, wèi Chángshān xiānsheng gān yì bēi!*
我还是第一次和日本人这么有缘。来，为长山先生干一杯！
こんなに気の合う日本人は初めてだ。さあ、長山さんに乾杯しよう！

一同　*Gānbēi!*
干杯！
乾杯！

ナレーション　长山在中国得宴席上一举成功！
長山は中国での宴席で見事成功を収めた！

主な語句

bié	chuàngyè	gùxiāng	bài	guàibude
别	创业	故乡	拜	怪不得
～しないで、～するな	創業する	故郷	拝む	道理で、なるほど～だ

cōngmíng	chūshēng	jīngshāng	shāngshén	shēngyi
聪明	出生	经商	商神	生意
賢い	生まれる	商売をする	商売の神	ビジネス

田中直樹、会話に挑戦します！

今日は阿部さんが同僚の家に招かれたとのこと。
僕もご一緒させてもらって、中国の家庭の雰囲気を味わいたいと思います。年齢や干支の尋ね方を使って、家族話に花を咲かせてみたいと思います。

第12課

我 先生 今年 四十一 岁。
Wǒ xiānsheng jīnnián sìshíyī suì.
私の夫は今年41歳です

ピンポーン♪

段　Nǐmen hǎo.
　　你们好。
　　こんにちは。

田中、阿部　Nǐ hǎo.
　　你好。
　　こんにちは。

段　Yì zhí děng nǐmen lái ne.
　　一直等你们来呢。
　　お待ちしてました。

段　Wǒ xiānsheng chūqù mǎi dōngxi le.
　　我先生出去买东西了。
　　夫は今、買い物に行ってます。

　　Qǐng jìn.
　　请进。
　　お入りください。

日本語で言う「夫」は"先生"のほか、"老公"lǎogōngとも言います。

阿部　Xièxie.
　　谢谢。
　　ありがとう。

段　Nǐ…zhǎng de gēn wǒ xiānsheng yì mú yí yàng.
　　你…长得跟我先生一模一样。
　　あなた…夫とそっくり。

田中　Nǐ xiānsheng jīnnián duō dà suìshu?
　　你先生今年多大岁数？
　　ご主人は今年おいくつですか？

段　Wǒ xiānsheng jīnnián sìshíyī suì.
　　我先生今年四十一岁。
　　私の夫は今年41歳です。

田中　Nǐ érzi jǐ suì?
　　你儿子几岁？
　　息子さんはいくつですか？

你 今年 三十六 岁？
Nǐ jīnnián sānshíliù suì?
あなたは今年36歳ですか

段　Wǒ érzi jīnnián liǎng suì.
　　我儿子今年两岁。
　　今年2歳です。

田中　Nǐ shǔ lóng ma?
　　你属龙吗？
　　あなたは辰年生まれですか？

段　Wǒ shǔ lóng!
　　我属龙！
　　辰年生まれです！

　　それも知ってるんですか？

田中　Nǐ jīnnián sānshíliù suì?
　　你今年三十六岁？
　　あなたは今年36歳ですか？

段　Wǒ jīnnián èrshisì!
　　我今年二十四！
　　今年24よ！

田中　あ、24歳でしたか。
　　阿部ちゃん、僕だけ帰っていい？

陳先生からも、収録の合間に会話の練習も兼ねて、家族構成なんかを時々聞かれたんですよ。職場なんかでも、年齢や家族話は必須なんじゃないでしょうか。

88

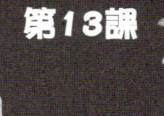

第13課 時間の長さやかかる時間の言い方・尋ね方

がんばって！長山社長　「熱熱先生異常あり!?」編

ナレーション　面向中国市场的新产品开始投入流水线生产了。这一天，长山他们来到工厂检查质量，意外地发现次品很多。
中国向け新製品が生産ラインに乗り始めた。この日、工場へ品質チェックに来た長山らは、予想外に不良品が多いことに気づいた。

張　Yǒu jìn yì chéng de chǎnpǐn yǒu wèntí.
有近一成的产品有问题。
1割近くの商品に問題がありますね。

段　Kě xiàxīngqī'èr jiù děi xiàng Níngměi diànqì jiāohuò,
可下星期二就得向宁美电器交货，
でも宁美电器への納品は来週の火曜日、

zhǐyǒu wǔ tiān shíjiān le.
只有五天时间了。
もう5日しかありません。

張　Zhǐnéng ràng tāmen zhuājǐn chóng zuò le.
只能让他们抓紧重做了。
急いで作り直しを頼むしかないでしょうね。

段　Duì. Nà wǒ qù gēn chǎngzhǎng shāngliangshangliang.
对。那我去跟厂长商量商量。
そうね。工場長にちょっと相談してきます。

長山　Děng yíxià. Zhèi jiàn shì wǒ yào qīnzì qù shuō.
等一下。这件事我要亲自去说。
待って。ここは僕が自分で行って説得しよう。

そう言って長山は一人で工場長を探しに行く。

長山　Chǎngzhǎng, chǎngzhǎng, nín kàn yíxia.
厂长，厂长，您看一下。
工場長、ちょっと見てください。

工場長　Ā? zěnme la?
啊？怎么啦？
はあ？どうされましたか？

主な語句

zhuājǐn	chóng zuò	shāngliang	qīnzì
抓紧	重做	商量	亲自
急いでやる	やり直す	相談する	自分で

長山
Yǒu shí fēn zhī yī de chǎnpǐn shì cìpǐn.
有十分之一的产品是次品。
1割の製品が不良品です。

Chǎngzhǎng, jiāohuò rìqī shì xiàzhōu'èr…….
厂长，交货日期是下周二……。
工場長、納期は来週の火曜日……。

工場長
Lǎobǎn, zhè diǎnr xiǎo quēxiàn bú àishì, wánquán néng yòng.
老板，这点儿小缺陷不碍事，完全能用。
社長、これぐらいの欠陥は問題ありません、ちゃんと動きますよ。

Nǐ kàn, zhè gàizi yě méi shénme wèntí, zhè bú shì néng gàishang ma!
你看，这盖子也没什么问题，这不是能盖上嘛！
ほら、フタだって問題ない、ちゃんと閉まります！

長山
Zhèyàng de zhìliàng bùxíng.
这样的质量不行。
この品質ではダメ！

Yídìng yào chóng zuò.
一定要重做。
必ず作り直してください。

工場長
Xiàxīngqī'èr láibují a.
下星期二来不及啊。
来週の火曜日なんてとても間に合わない。

長山
Bàituō le.
拜托了。
お願いします。

工場長
Zhè shì bù kěnéng ma.
这事不可能嘛。
無理だね。

長山
あ…

ナレーション 长山经理深切地感到，如果这时会说这么一句，也许会出现转机。
長山は痛切に感じていた。こんなとき、このひと言が聞けたら転機が訪れるかもしれないのに。

じゃあ、どのくらい時間がかかるっていうの〜!?

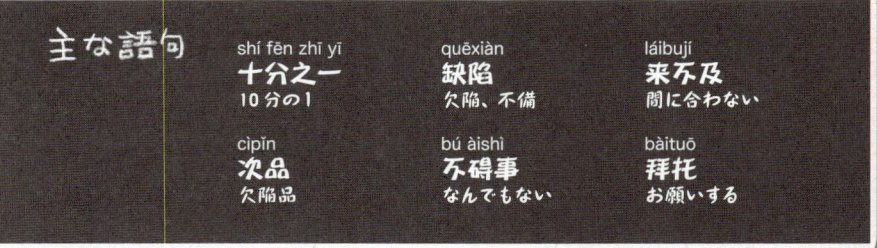

主な語句		
shí fēn zhī yī 十分之一 10分の1	quēxiàn 缺陷 欠陥、不備	láibují 来不及 間に合わない
cìpǐn 次品 欠陥品	bú àishì 不碍事 なんでもない	bàituō 拜托 お願いする

今回の必須単語はコレだ！

每天	时间	〜小时	〜天	〜星期	工作	做家务
měitiān 毎日	shíjiān 時間	xiǎoshí 〜時間	tiān 〜日間	xīngqī 〜週間	gōngzuò 働く	zuò jiāwù 家事をする

陳淑梅の ときどき厳しい 文法講座

□時間の長さを言う、尋ねる

Jǐ ge xiǎoshí？
几个小时？
何時間？

Wǔ ge xiǎoshí.
五个小时。
5時間。

Wǔ ge bàn xiǎoshí.
五个半小时。
5時間半。

Jǐ tiān？
几天？
何日間？

Sì tiān.
四天。
4日間。

Jǐ ge xīngqī？
几个星期？
何週間？

Yí ge xīngqī.
一个星期。
1週間。

Jǐ ge yuè？
几个月？
何か月？

Liǎng ge yuè.
两个月。
2か月。

Jǐ nián？
几年？
何年？

Sān nián.
三年。
3年

Duō cháng shíjiān？
多长时间？
どれくらいの時間？

> 日本語では「五時間半」と言いますが、中国語の場合は"五个半小时"。"半"の位置が違うので注意しましょう。

解説

「1時間、2時間」と数えるときは"～个小时"。「～時間半」は"～个半小时"。
「1日、2日」と数えるときは"个"を使わずに"～天"。
「1週間、2週間」と数えるときは"～个星期"。
「1か月、2か月」は"～个月"。
「1年間、2年間」は"个"を使わずに"～年"と言います。

尋ねるときは"几"を使います。
また、「2時間」「2日」「2週間」「2年間」を言うときは、"二"ではなく"两"を使います。

□かかる時間を言う、尋ねる

動詞＋時間の長さ（＋目的語）

Xūyào duō cháng shíjiān？
需要多长时间？
どれくらいの時間が必要ですか？

Wǒ měitiān gōngzuò shí'èr ge xiǎoshí.
我每天工作十二个小时。
わたしは毎日12時間働いています。

Wǒ zài Běijīng xuéxí yí ge yuè Hànyǔ.
我在北京学习一个月汉语。
わたしは北京で1か月中国語を勉強します。

Nǐ měitiān shuì jǐ ge xiǎoshí？
你每天睡几个小时？
あなたは毎日何時間寝ますか？

Wǒ měitiān shuì bā ge xiǎoshí.
我每天睡八个小时。
わたしは毎日8時間寝ます。

時間の長さを表すことばは動詞の後ろに置かれます。動詞に目的語がついている場合は動詞と目的語の間に置きましょう。

第13課

ドリルに挑戦してみましょう。

前のページで学習したことや「ヒントのカード」を参考に、①〜⑧の(　)を埋め、中国語を完成させましょう。(答えはページの下にあります)。

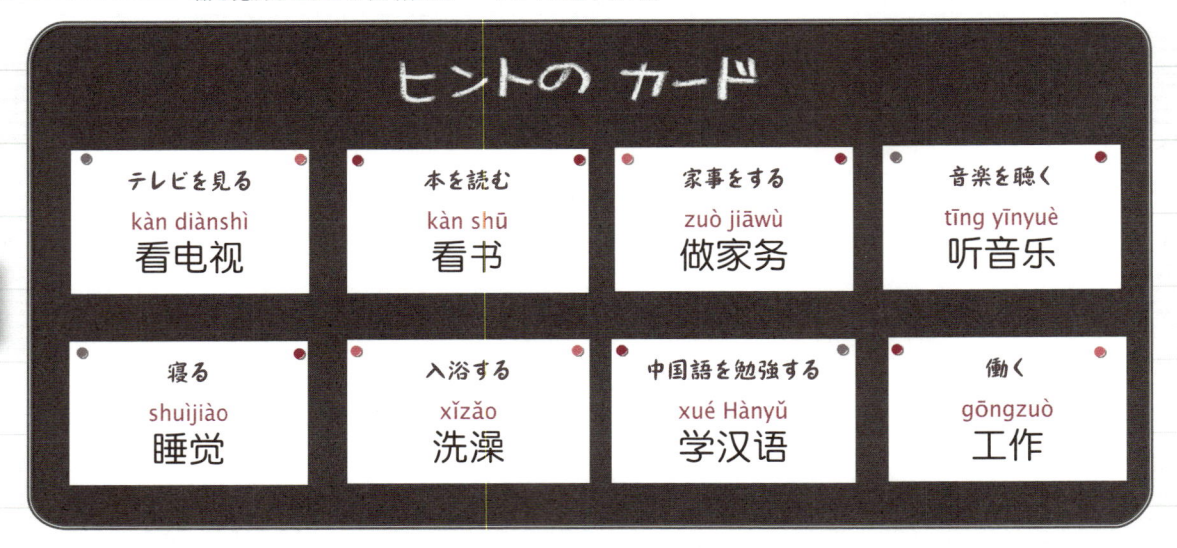

ヒントのカード

テレビを見る kàn diànshì 看电视	本を読む kàn shū 看书	家事をする zuò jiāwù 做家务	音楽を聴く tīng yīnyuè 听音乐
寝る shuìjiào 睡觉	入浴する xǐzǎo 洗澡	中国語を勉強する xué Hànyǔ 学汉语	働く gōngzuò 工作

第13課

①どれぐらいの時間が必要ですか？

需要(　　　)时间？

②わたしの息子は毎日2時間テレビを見て、30分本を読みます。

我儿子每天看(　　　)小时电视，看半个小时书。

③わたしは毎日3時間家事をします。

我每天做三个小时(　　　)。

⑦の人はえらいですね。ぼくは毎日2時間半なんてなかなか勉強できてないなぁ。

④わたしの姉は毎日1時間音楽を聴きます。

我姐姐每天(　　　)一个小时音乐。

⑤わたしの弟は毎日7時間半寝ます。

我弟弟每天睡(　　　)觉。

田中さんは運転中いつもCDを聞いてるじゃないですか。少しずつでも続けるのは大事ですよ。読者の皆さんもがんばってください！

⑥わたしの兄は毎日1時間お風呂に入ります。

我(　　　)每天洗一个小时澡。

⑦わたしは毎日2時間半中国語を勉強します。

我每天学两个半小时(　　　)。

⑧わたしは毎日8時間働きます。

我每天(　　　)八个小时。

答え
①多长　②两个　③家务　④听　⑤七个半小时
⑥哥哥　⑦汉语　⑧工作

よかったね！長山社長

長山 Bàituō le.
这事不可能嘛。
お願いします。

工場長 Zhè shì bù kěnéng ma.
这事不可能嘛。
無理だね。

長山 Qǐng děng yíxià.
请等一下。
ちょっと待ってください。

工場長 ……？

長山 Nàme, chóngxīn zuò zhè shí fēn zhī yī de chǎnpǐn,
那么，重新做这十分之一的产品，
では、この1割の製品を作り直すのに、

xūyào dōu cháng shíjiān？
需要多长时间？
どれくらいの時間が必要ですか？

工場長 Zhèige ma,
这个嘛，
そうだねぇ、

zhìshǎo hái děi yí ge xīngqī ba.
至少还得一个星期吧。
少なくともあと1週間かな。

長山 Yí ge xīngqī tài cháng le.
一个星期太长了。
1週間はかかりすぎです。

Měitián gōngzuò shí'èr ge xiǎoshí dehuà, sì tiān jiù gòu！
每天工作十二个小时的话，四天就够！
毎日12時間働けば、4日で足りる！

工場長 Nín kě bié kāi wánxiào le！
您可别开玩笑了！
冗談言いなさんな！

Shuō bu kěnéng a, jiù bù kěnéng.
说不可能啊，就不可能。
無理と言ったら、無理だ。

Méiyǒu bànfǎ.
没有办法。
どうしようもない。

張 Chǎngzhǎng！
厂长！
工場長！

ナレーション 交涉眼看要失败，这时……。
交渉が失敗しそうに見えたそのとき……。

主な語句

| zhìshǎo 至少 少なくとも、せめて | gòu 够 足りる、十分ある | bànfǎ 办法 方法、手段 |

| dehuà 的话 ～ということなら | kāi wánxiào 开玩笑 冗談を言う |

第13課

工場長への説得をはじめる張。

張
Zhèi cì jiù suàn chóng zuò,
这次就算重做，
今回作り直しても、

nínmen de sǔnshī yě jiùshì wǔwàn yuán.
您们的损失也就是五万元。
御社の損失はせいぜい5万元ほど。

Kě wǒmen shì yào yǔ guìgōngsī chángqī hézuò,
可我们是要与贵公司长期合作，
でも我が社はこの先長期的に御社と

jīnhòu háiyǒu shí cì jiāoyì,
今后还有十次的交易，
10回は取り引きしたいと思っています。

yě jiùshì shuō, guìgōngsī kěyǐ dédào zhèi cì sǔnshī de……
也就是说，贵公司可以得到这次损失的……
つまり、御社は今回の損失の……

電卓をカチャカチャと弾く張。

jiāngjìn èrshí bèi de lìrùn.
将近二十倍的利润。
20倍ちかい利益を得るのです。

Nín huì yīnwèi bú yuàn chóng zuò ér yǎnzhēngzhēngde diūdiào zhèxiē lìrùn ma?
您会因为不愿重做而眼睁睁地丢掉这些利润吗?
作り直しの労をいとって、みすみすその利益を捨てるのですか?

工場長
……。

"Shíjiān jiùshì jīnqián", zhè jù huà shuōde méi cuò.
"时间就是金钱"，这句话说得没错。
「時は金なり」、このことばは間違っていない。

Nà hǎo ba,
那好吧，
わかりました、

wǒmen huì zhuājǐn shíjiān zài sì tiān zhī nèi zuòchulai de.
我们会抓紧时间在四天之内做出来的。
急いで4日間でやってみましょう。

段
Chǎngzhǎng, bàituō nín le!
厂长，拜托您了!
工場長、お願いします。

工場長
Bú kèqi!
不客气!
任せてください。

長山
Chǎngzhǎng, xièxie!
厂长，谢谢!
工場長、ありがとう!

ナレーション 在数码男子小张的帮助下长山逃出了窘境。
デジタル男・張の見事なアシストにより、長山は窮地をのがれることができたのだった。

主な語句

suàn	lìrùn	diūdiào
算	利润	丢掉
勘定に入れる	利潤	なくしてしまう

jiāoyì	yǎnzhēngzhēng
交易	眼睁睁
取り引きする	どうしようもない様子

田中直樹、会話に挑戦します！

今回の役どころは看護師です。
患者さんの生活について尋ねて、
問診票を埋めていきます。ただですよ。
僕も決して健康とも言えないんですけどね……。

田中　Nǐ hǎo.
　　　你好。
　　　こんにちは

段　　Nǐ hǎo, nǐmen hǎo.
　　　你好，你们好。
　　　こんにちは

田中　Nǐ zěnme le?
　　　你怎么了？
　　　どうしましたか？

段　　Wǒ zuìjìn zǒng juéde tèbié tèbié lèi.
　　　我最近总觉得特别特别累。
　　　最近、ずっと疲れが取れないんです。

田中　Nǐ měitiān shuì jǐ ge xiǎoshí?
　　　你每天睡几个小时？
　　　あなたは毎日何時間寝ますか？

段　　Shuì shí ge xiǎoshí.
　　　睡十个小时。
　　　10時間寝ます。

田中　Nǐ měitiān gōngzuò jǐ ge xiǎoshí?
　　　你每天工作几个小时？
　　　あなたは毎日何時間働きますか？

段　　Gōngzuò ya, cóng shàngwǔ dào xiàwǔ….
　　　工作呀，从上午到下午…。
　　　仕事ね、午後までで…。

　　　Gōngzuò sì ge xiǎoshí ne.
　　　工作四个小时呢。
　　　4時間働きます。

田中　Nǐ měitiān zuò jǐ ge xiǎoshí jiāwù?
　　　你每天做几个小时家务？
　　　あなたは毎日何時間家事をしますか？

段　　Jiāwù?
　　　家务？
　　　家事？

　　　Yì tiān zuò wǔ fēnzhōng.
　　　一天做五分钟。
　　　一日5分です。

田中　Nǐ, yùndòng bùzú.
　　　你，运动不足。
　　　あなたは運動不足。

段　　Nǐ zuò jiāwù zuò jǐ fēnzhōng?
　　　你做家务做几分钟？
　　　あなたは何分家事をしますか？

田中　Sān fēn (zhōng)….
　　　三分（钟）…。
　　　3分です…。

段　　Sān fēn?
　　　三分？
　　　3分？

田中　だから僕は運動不足なんです。
　　　どこかにいい病院ないですか？

你 每天 睡 几 个 小时？
Nǐ měitiān shuì jǐ ge xiǎoshí?
あなたは毎日何時間 寝ますか

你 做 家务 做 几 分钟？
Nǐ zuò jiāwù zuò jǐ fēnzhōng?
あなたは何分家事をしますか

運動やらないと、と
思っているんですけどね～。
なかなかできてないです。
風邪もすぐひくし……。
僕のことを問診して
ほしかったです。実を言うと。

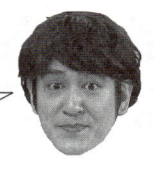

第14課 「どうやって〜する？」と質問する ＆ 値切り交渉☆

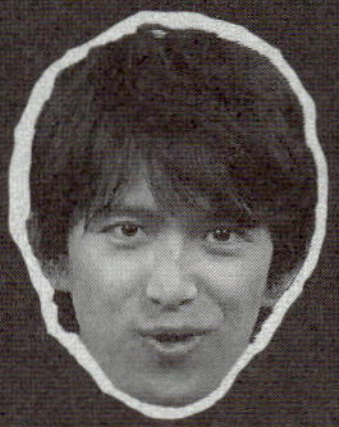

がんばって！長山社長　「北京の休日」編

ナレーション　今天是难得的休息日。在这样的时候，长山经理唯一的乐趣就是去附近的咖啡厅读书。这一天，长山在去咖啡厅的路上，顺便去了一趟市场，问题就出在这里发生了。
今日は貴重な休日。こんなとき、長山社長の唯一の楽しみは近所のカフェで本を読むこと。この日はカフェに行く途中、市場に寄り道し、そこで問題が発生した。

店主
Lái, lái, lái！
来，来，来！
おいで、おいで、おいで！

Dàgē, kànyikan a,
大哥，看一看啊，
お兄さん、ちょっと見てよ、

hěn hǎochī de.
很好吃的。
うまいよ。

Lái, cháng yí ge.
来，尝一个。
ほら、一つ食べてみて。

長山
Zhè shì shénme？
这是什么？
これ何ですか？

店主
Zhè jiào zǎor.
这叫枣儿。
ナツメだよ

長山
Duōshao qián？
多少钱？
いくらですか？

店主
Shísì kuài.
十四块。
14元。

ナレーション　十四块…，哎啊，现金就带了二十块钱。在这儿买了水果就喝不成咖啡了。长山决定讲讲价。
14元…、ああ、現金は20元しか持ち合わせていない。ここで果物を買ってしまったらコーヒーを飲めなくなる。長山は値切ってみることにした。

主な語句
cháng
尝
味をみる

第14課

長山 Qī kuài zěnmeyàng?
七块，怎么样?
7元でどう?

店主 Bùxíng.
不行。
ダメだ。

Zhème dà de zǎo bú shì nǎr dōu néng mǎizháo de.
这么大的枣不是哪儿都能买着的。
こんなに大きいナツメはなかなか買えないよ。

Shísì kuài!
十四块!
14元!

長山 Nà, shí'èr kuài ba?
那，十二块吧?
じゃ、12元?

店主 Xiànzài shì zuì hǎochī de shíhou, bù néng piányi.
现在是最好吃的时候，不能便宜。
今が一番の旬だよ、安くはできない。

Shísì kuài!
十四块!
14元!

長山 ……Shísān kuài.
……十三块?
……13元?

店主 Zhèyàng ba, ráo nǐ liǎ, shísì, shísì kuài!
这样吧，饶你俩，十四，十四块!
ちょっとサービスだ。14元!

ナレーション 唉，咖啡是喝不成了。本来，长山也不是非买不可。可是摊主的三言两语就让他买了下来。买了就买了吧。可他忘记了一个重要的问题。
ああ、コーヒーはあきらめよう。もともと、長山はさして買いたいわけではなかったが、店主のことばに押されて買うはめに。買うなら買おう。だけど一つ大きな問題を忘れていた。

これ、どうやって食べるの!?

主な語句
ráo 饶 おまけにつける
liǎ 俩 二つ、ちょっと

今回の必須単語はコレだ!

| 贵 guì 高い | 便宜 piányi 安い | 用 yòng 使う | 念 niàn 読む | 斤 jīn 500g | 卖 mài 売る |

陳淑梅の ときどき厳しい 文法講座

☐値段を尋ねる

Duōshao qián?
多少钱？
いくらですか？

Duōshao qián yí ge?
多少钱一个？
一ついくら？

Zěnme mài?
怎么卖？
いくらですか？

Wǔbǎi kuài yì jīn.
——五百块一斤。
500グラムで500元です。

「一ついくら？」と聞きたい時は、「一つ」を表す語をつけましょう。ものによって量詞（79ページ参照）が違うので注意しましょう。たとえば箱入りのお茶の値段を尋ねるなら"多少钱一盒" Duōshao qián yì hé、あるいは"一盒多少钱"となります。

解説
値段を尋ねるには一般的に「いくらですか？」という意味の"多少钱?"を使います。量り売りや、または売り方がよくわからない場合は"怎么卖?"「どのように売っていますか？」と言って、尋ねましょう。
"斤"は中国で使われている重さの単位。"1斤"は500グラムです。量り売りでは今でも"斤"がよく使われます。

☐値切る交渉をする

Tài guì le, piányi diǎnr ba.
太贵了，便宜点儿吧。
高すぎます、ちょっと安くしてください。

Yí ge sìbǎi kuài, zěnmeyàng?
一个四百块，怎么样？
1つ400元、どうですか？

Dǎzhé ma?
打折吗？
割引してくれますか？

解説
"太贵了，便宜点儿吧"は値段交渉の決まり文句です。"贵"は「値段が高い」、"便宜"は「値段が安い」という意味。
"一个四百块,怎么样?"のように自ら値段を提示する方法もよく使われます。
「一つ400元」は"一个四百块"、"四百块一个"と二つの言い方ができます。
"打折"は「割引する」という意味。「何割引ですか」と聞きたい場合は"打几折?"と言って尋ねましょう。なお、割引の言い方は日本語と中国語では違うので要注意です。中国語で"打八折"と言うと「8掛け」のことで、「2割引き」になります。

☐「どのように～する？」と尋ねる

"怎么"＋動詞

(Zhèige zì) Zěnme niàn?
（这个字）怎么念？
(この字は)どう読むのですか？

(Zhèige diànhuà) Zěnme yòng?
（这个电话）怎么用？
(この電話は)どうやって使うのですか？

(Cóng zhèr dào chēzhàn) Zěnme zǒu?
（从这儿到车站）怎么走？
(ここから駅まで)どうやって行くのですか？

解説
"怎么"は疑問詞で「どのように」という意味。「"怎么"＋動詞」の形で「どのように～する？」と動作の方法を尋ねることができます。

第14課

ドリルに挑戦してみましょう。

前のページで学習したことや「ヒントのカード」を参考に、①～⑧の（ ）を埋め、中国語を完成させましょう。(答えはページの下にあります)。

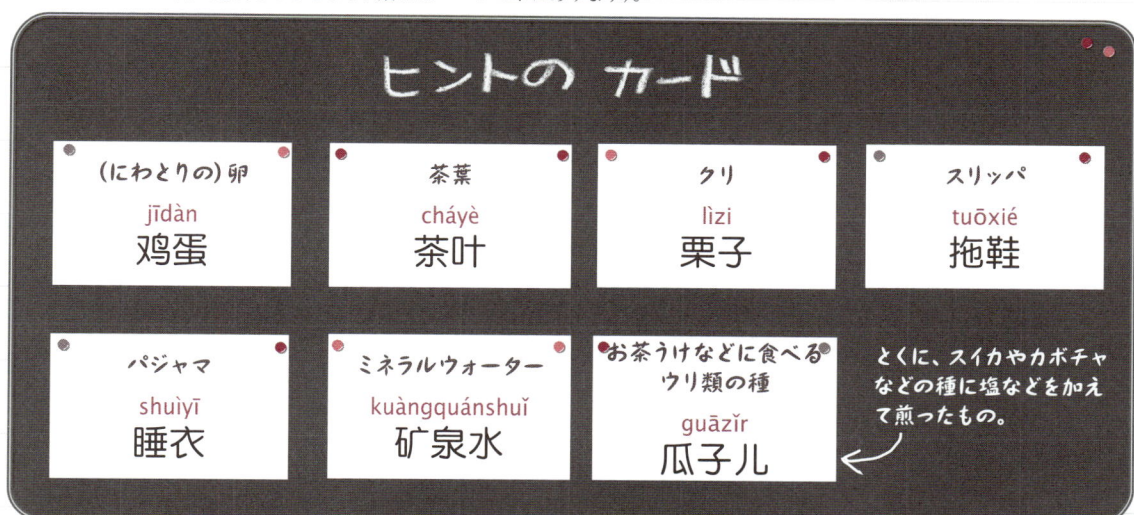

ヒントのカード

（にわとりの）卵 jīdàn 鸡蛋	茶葉 cháyè 茶叶	クリ lìzi 栗子	スリッパ tuōxié 拖鞋

パジャマ shuìyī 睡衣	ミネラルウォーター kuàngquánshuǐ 矿泉水	お茶うけなどに食べるウリ類の種 guāzǐr 瓜子儿

とくに、スイカやカボチャなどの種に塩などを加えて煎ったもの。

第14課

① いくらですか？
怎么（　　　）？

② 卵は500グラム5元、茶葉は500グラム30元です。
鸡蛋（　　　）五块，茶叶一斤（　　　）。

③ クリは500グラム15元です、どうですか？
栗子一斤十五块，（　　　）？

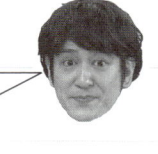

④ 「瓜子」はどうやって食べるのですか？
瓜子儿（　　　）吃？

⑦は覚えておきたいですね。中国での買い物の時は思い切って、関西のノリで値切ってみたいところです。

⑤ スリッパは1足4元、パジャマは1着300元です。
（　　　）一双四块，（　　　）一套三百块。

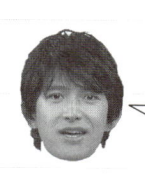

⑥ ミネラルウォーターは1本2元です。
矿泉水一瓶（　　　）。

①と⑧の言い方も大事ですよ！

⑦ 高すぎます、ちょっと安くしてください。
太贵了，（　　　）点儿吧。

⑧ 卵は500グラムいくらですか？
鸡蛋一斤（　　　）钱？

答え
①卖　②一斤，三十块　③怎么样　④怎么
⑤拖鞋，睡衣　⑥两块　⑦便宜　⑧多少

よかったね！長山社長

店主: Hěn hǎochī de. Cháng yí ge？
很好吃的。尝一个？
うまいよ。一つどう？

長山: Zhè shì shénme？ Yàngzi tǐng guài de.
这是什么？样子挺怪的。
これ何ですか？ 変な形。

店主: Zhè jiào zǎor.
这叫枣儿。
ナツメだよ。

長山: Zhèige zěnme chī？
这个怎么吃？
これ、どうやって食べるの？

店主: Hěn jiǎndān, yòng zuǐ yì yǎo, jiù néng chī.
很简单，用嘴一咬，就能吃。
簡単さ、かじって食べるんだ。

長山: Ǹg！Hǎochī！Zhèige zěnme mài？
嗯！好吃！这个怎么卖？
うん！うまいね！これいくら？

店主: Yì jīn shísì kuài.
一斤十四块。
1斤14元。

長山: Shísì kuài？ Tài guì le！Piányi diǎnr ba！
十四块？ 太贵了！便宜点儿吧！
14元？ 高すぎる！安くしてよ！

店主: Bú guì！Yǐjīng hěn piányi le. Shísì kuài！
不贵！已经很便宜了。十四块！
高くないよ！ 十分安くしているよ。14元！

長山: Shí kuài, zěnmeyàng？
十块，怎么样？
10元でどう！

店主: Shísì kuài！
十四块！
14元！

長山: Nà, shíyī kuài ba！
那，十一块吧！
じゃあ、11元！

店主: Shísì kuài！
十四块！
14元！

長山: Shí'èr kuài ba？
十二块吧？
12元？

店主: Shísì kuài！
十四块！
14元！

長山: ……。

ナレーション 长山又败下阵来。
やはり押しが弱い長山だった。

主な語句

yàngzi
样子
形

guài
怪
風変わりな、おかしい

jiǎndān
简单
簡単である

zuǐ
嘴
口

yǎo
咬
かむ

段

Děng yíxià！
等一下！
ちょっと待って！

長山さん、ダメね。そんな事じゃ。ここはわたしに任せて。買い物はね、こうするの。

突然現れた段が、長山に替わり交渉を始める。

店主

Nǐ yào tì tā mǎi a？
你要替他买啊？
あんたが代わりに買うってのかい。

Zhè zǎo yòu cuì yòu tián！ Yì jīn shísì kuài！
这枣又脆又甜！ 一斤十四块！
このナツメはしゃきしゃきして甘いよ！ 1斤14元だ！

段

Nǐ zhèr yě tài guì le ba. Pángbiānr de shìchǎng yì jīn cái shí'èr kuài！
你这儿也太贵了吧。旁边儿的市场一斤才十二块！
あなたのところは高すぎるわね。隣の市場じゃあ1斤12元で売ってたわよ！

店主

Shénme, shénme!？ Zhēn de ma？ Nà, shíyī kuài, zěnmeyàng？
什么，什么！？ 真的吗？ 那，十一块，怎么样？
何、何！？ 本当かい？ じゃあ、11元でどうだい？

段

Nà yě tài guì le. Wǒ mǎi liǎng jīn, shíbā kuài, zěnmeyàng？
那也太贵了。我买两斤，十八块，怎么样？
それでも高すぎる。2斤買うから18元ではどう？

店主

Nà yě tài……, yì jīn shí kuài, zěnmeyàng？
那也太……，一斤十块，怎么样？
それは……、じゃあ、1斤10元でどうだ？

段

Nà jiù suàn le, bù mǎi le！
那就算了，不买了！
じゃあもういいわ、買うのやめた！

店主

Děng yíxià. Hǎo ba hǎo ba.
等一下。好吧好吧。
ちょ、ちょっと待った。わかった、わかった。

Jiù suàn nǐ yì jīn jiǔ kuài wǔ ba.
就算你一斤九块五吧。
1斤9元5毛で。

段

Bā kuài！
八块！
8元！

店主

Shénme！
什么！？
何だって！？

段

Yǐhòu měizhōu dōu lái nǐ zhèr mǎi！ Yì jīn bā kuài ba.
以后每周都来你这儿买！ 一斤八块吧。
常連になって毎週来てあげる！ 1斤8元に負けてよ。

橋の上。ナツメを食べる段と、所在なげな長山。

段

Zhēn tián！ Wǒ zuì ài chī zhèige dōngzǎo le！
真甜！ 我最爱吃这个冬枣了！
本当、甘い！ わたし、このナツメが大好物なの！

ナレーション 结果，冬枣的大部分都进了小段的肚子里，书也没看成。
結局ナツメの大半は段のおなかに収まり、本も読めなかった。

主な語句

tì
替
〜に代わる

suàn le
算了
やめにする

田中直樹、会話に挑戦します！

出張で中国に来たんですよ。もうすぐ帰国なので、今日は同僚へのお土産を買いにきました。中国茶がいいかなと思ってます。長山社長よりうまく値切れるように、値段交渉にも挑戦します！

段
Huānyíng guānglín. Nín kànkan cháyè ma?
欢迎光临。您看看茶叶吗？
いらっしゃいませ。お茶見ていきませんか？

田中
Qǐng wèn, cháyè zěnme mài?
请问，茶叶怎么卖？
すみません、茶葉はいくらですか？

段
Nǐ mǎi něi zhǒng cháyè? zhèr yǒu sān zhǒng.
你买哪种茶叶？这儿有三种。
3種類ありますが、どれを買いますか？

田中
Zhèige zěnme niàn?
这个怎么念？
これ、どう読みますか？

段
Zhè shì pǔ'ěr chá, zhè shì mòlìhuāchá, zhèige shì tiěguānyīn.
这是普洱茶，这是茉莉花茶，这个是铁观音。
これはプーアル茶、ジャスミン茶、鉄観音。

段
Nín mǎi nǎ yì zhǒng a?
您买哪一种啊？
どれを買いますか？

田中
Wǒ xiǎng mǎi pǔ'ěrchá.
我想买普洱茶。
私はプーアル茶が買いたい。

"多少钱一斤"、もしくは"一斤多少钱"と聞けると、もっと中国語らしいですよ。

段
Pǔ'ěrchá a?
普洱茶啊？
プーアル茶ですか？

田中
Duōshao qián?
多少钱？
いくらですか？

段
Yì jīn èrbǎi kuài.
一斤二百块。
500gで200元です。

そうか！はかり売りのお店が多いですもんね！

田中
Tài guì le. Piányi diǎnr ba.
太贵了。便宜点儿吧。
高すぎます。ちょっと安くしてください。

便宜 点儿 吧。
Piányi diǎnr ba.
ちょっと安くしてください

段
Nǐ yàoshì duō mǎi diǎnr, kěyǐ gěi nǐ piányi.
你要是多买点儿，可以给你便宜。
たくさん買ってくれたら安くしますよ。

田中
Wǒ xiǎng mǎi shí jīn.
我想买十斤。
私は10斤（5kg）買いたいです。

段
Shí jīn yìqiān bā.
十斤一千八。
10斤（5kg）なら1,800元。

田中
Tài guì le.
太贵了。
高すぎます。

段
Bú guì, bú guì.
不贵，不贵。
高くない！高くない！

段
Èrshí jīn liǎngqiān wǔbǎi kuài.
二十斤两千五百块。
20斤（10kg）で2,500元。

段
Nà xíng ba. Nà gěi nǐ ba.
那行吧。那给你吧。
いいわ。売りましょう。

Zhèng hǎo zhè yì xiāng jiù shì 20 jīn, zhè yì xiāng dōu gěi nǐ ba.
正好这一箱就是20斤，这一箱都给你吧。
ちょうど1箱で20斤（10kg）だから1箱あげる。

（阿部に教えられて）

田中
Wǒ hái yào yí ge…sòng qiū bō.
我还要一个…送秋波。
もう一つ欲しいものが…ウインクしてちょうだい。

段
……。

田中
僕は何て言ったんですか？

十斤 一千 八。
Shí jīn yìqiān bā.
10斤（5kg）なら1,800元

第14課

第15課 AさんはBさんより「ずっときれい」「少し若い」こんな風に比べるには？

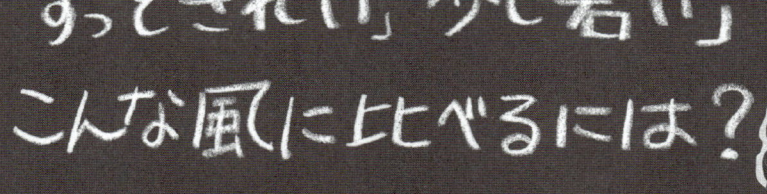

がんばって！長山社長　「怒りの給与明細」編

ナレーション
今天是发工资的日子！保证没有人不开心……然而，好事多魔。
今日は給料日！誰もがハッピー……でも、「好事魔多し」のようで……。

鄧
Shàng ge yuè méi bái xīnkǔ, zhǎng gōngzī le.
上个月没白辛苦，涨工资了。
先月はずいぶん苦労したから、お給料がアップしたわ。

張
Éi？ Zhèige yuè nále duōshao？
欸？这个月拿了多少？
へえ？　今月はいくら稼いだ？

鄧
Bāqiān wǔ.
八千五。
8500。

張
Yìbān. Wǒ ná jiǔqiān.
一般。我拿九千。
まあまあだね。僕は9000。

鄧
!?
長山に直談判しに行く鄧。

Wèi shénme？
为什么？
なぜですか？

長山
Bié zháojí！
别着急！
落ちついて！

鄧
Wǒ jiēshòubuliǎo, wèi shénme wǒ ná de bǐ tā shǎo？
我接受不了，为什么我拿的比他少？
納得いきません、なんでわたしの給料はこの人より少ないんですか？

Wǒ shàng ge yuè qiānle sì fèn hétong, gěi wǒ bāqiān wǔbǎi kuài,
我上个月签了四份合同，给我八千五百块，
わたしは先月契約を4件も取って、給与は8500元、

tā cái qiānle sān ge, wèi shénme gěi tā jiǔqiān kuài. Zhè bù gōngpíng！
他才签了三个，为什么给他九千块。这不公平！
彼は3件なのに、どうして9000元なんですか。これは不公平です！

主な語句

xīnkǔ	zhǎng	gōngzī	zháojí
辛苦	涨	工资	着急
苦労である	上昇する	給料	いらいらする、焦る

ナレーション 在中国，挣多少工资得多少奖金都是不保密的。并且，如果对公司的待遇不满意得话，可以直接向上级反映。
中国では、給料やボーナスの金額はオープンだ。そして、もし会社の待遇に不満があれば、直接上司に訴えることもある。

鄧 Jīnglǐ, nín shuōshuo zhè dàodǐ shì zěnme huí shìr!
经理，您说说这到底是怎么回事儿！
社長、どういうことか答えてください！

長山 ……Ā, ò. Tā……gōngzuò nǔlì.
……啊，噢。他……工作努力。
……ええと、うん。彼は……仕事を頑張った。

張 Dàodǐ shì jīnglǐ, yǒu yǎnguāng.
到底是经理，有眼光。
さすが社長、お目が高い。

鄧 !? ……Zhème shuō, wǒ bù nǔlì? Shàng ge yuè wǒ suīrán shēntǐ bù shūfu,
!? ……这么说，我不努力？上个月我虽然身体不舒服，
!? ……じゃあ、わたしは頑張っていないとでも？ 先月、わたしは体調が悪かったのに、

鄧 dàn hái jiānchí qiānle sì ge hétong, duì bu duì? Zhèixiē dōu dábudào kǎohé biāozhǔn ma? Á?
但还坚持签了四个合同，对不对？这些都达不到考核标准吗？啊？
4件も契約をまとめた、そうですよね？ それを評価していただけないんですか？

ナレーション 这位员工上个月确实签了四个合同。在推销方面能力很强，公司对她的期待值也很高。但是迟到次数太多，一个月就迟到了四次。这位员工签下三个合同。确实比不上小邓，但没有迟到过。工资有差额，是因为他比小邓的工作时间长。
この社員は先月確かに4件契約を獲得した。営業能力の面で非常に優れ、会社の彼女への期待値はとても高い。しかし、遅刻が多くひと月に4回も。こちらの社員は、契約件数は3件。鄧さんには及ばないが遅刻はない。そして給料の差に影響したのは、労働時間が彼女より多いことだ。

長山 ……って説明できればなあ！

鄧 Hǎo. …Rúguǒ bù néng gěi wǒ yí ge mǎnyì de dáfù, wǒ jiù cízhí bú gàn le!
好。…如果不能给我一个满意的答复，我就辞职不干了！
わかりました。…もし満足な説明がいただけないのなら、わたし、辞めさせていただきます！

長山 え!?

張 Bié lǐ tā, lǎobǎn. Tā nèi fènr huór yóu wǒ lái zuò.
别理她，老板。她那份儿活儿由我来做。
放っておきましょう、社長。彼女の分の仕事はわたしがやります。

Xiàyuè bǎ tā de nèi fènr gōngzī gěi wǒ jiù xíng, nín kàn zěnmeyàng?
下月把她的那份儿工资给我就行，您看怎么样？
来月その分の給料もいただければそれでいいです。どうですか？

ナレーション 如果她现在辞职，会有不少麻烦！ 长山想。
もしいま彼女に辞められては困る！ 長山は思った。

中国語で2人をくらべて説明できたらなぁ！

主な語句

dàodǐ 到底 いったい、そもそも、さすがは

suīrán ~ dàn… 虽然~但… ~ではあるけれども、しかし…

jiānchí 坚持 頑張って続ける、やり抜く

kǎohé 考核 審査する

biāozhǔn 标准 基準に合っている

cízhí 辞职 辞職する

今回の必須単語はコレだ！

| 高 gāo 高い | 长 cháng 長い | 年轻 niánqīng 若い | 公司 gōngsī 会社 | 价格 jiàgé 価格 | 黄河 Huánghé 黄河 | 长江 Chángjiāng 長江 |

陳淑梅のときどき厳しい文法講座

比較文に使う"没有"は「程度が及ばない」という意味を表します。

□比較する

A＋"比"＋B＋形容詞

Tā bǐ wǒ gāo.
他比我高。
彼はわたしより背が高いです。

Wǒ méiyǒu tā gāo.
我没有他高。
わたしは彼より背が高くありません。

Chángjiāng bǐ Huánghé cháng.
长江比黄河长。
長江は黄河より長いです。

Huánghé méiyǒu Chángjiāng cháng.
黄河没有长江长。
黄河は長江より長くありません。

Ābù bǐ Tiánzhōng niánqīng.
阿部比田中年轻。
阿部さんは田中さんより若いです。

Tā de jiābān shíjiān bǐ nǐ cháng.
他的加班时间比你长。
彼の残業時間はあなたより長いです。

解説
「AはBより〜」と言うには「A＋"比"＋B〜」という形を使います。"比"は前置詞で、「〜より」「〜にくらべて」という意味です。
「BはAより〜ない／ではない」と否定する場合は「B＋"没有"＋A〜」という形を使います。「A＋"比"＋B＋"不"〜」とは言いませんので、注意しましょう。
また、比較文では通常、形容詞の前に程度を表す副詞は置きません。"×他比我很高。"のようにはしません。

□比較の差をつける

●A＋"比"＋B＋形容詞＋比較の差（数字など）

Ābù bǐ Tiánzhōng niánqīng shí suì.
阿部比田中年轻十岁。
阿部さんは田中さんより10歳若いです。（「年上である」は"老"を使います。）

A gōngsī de qìchē bǐ B gōngsī de (qìchē) guì wǔwàn kuài.
A公司的汽车比B公司的（汽车）贵五万块。
A社の車はB社の(車)より5万元高いです。

●A＋"比"＋B＋形容詞＋"多了／一点儿"

A gōngsī de qìchē bǐ B gōngsī de (qìchē) piàoliang duō le.
A公司的汽车比B公司的（汽车）漂亮多了。
A社の車はB社の(車)よりずっときれいです。

Wǒmen de chǎnpǐn zhìliàng bǐ tāmen de hǎoduō le.
我们的产品质量比他们的好多了。
我々の製品の質は彼らのよりずっといいです。

Xīn diànnǎo bǐ jiù diànnǎo gōngnéng duō yìdiǎnr.
新电脑比旧电脑功能多一点儿。
新しいパソコンは古いパソコンより性能が少し多いです。

解説
比較の差を表すことばは形容詞の後ろに置きます。その差が数字で表せるものなら、数字をつけます。「ずっと〜」という場合は「形容詞＋"多了"」。「ちょっと〜」という場合は「形容詞＋"一点儿"」を使います。

ドリルに挑戦してみましょう。

前のページで学習したことや「ヒントのカード」を参考に、①～⑧の（　）を埋め、中国語を完成させましょう。（答えはページの下にあります）。

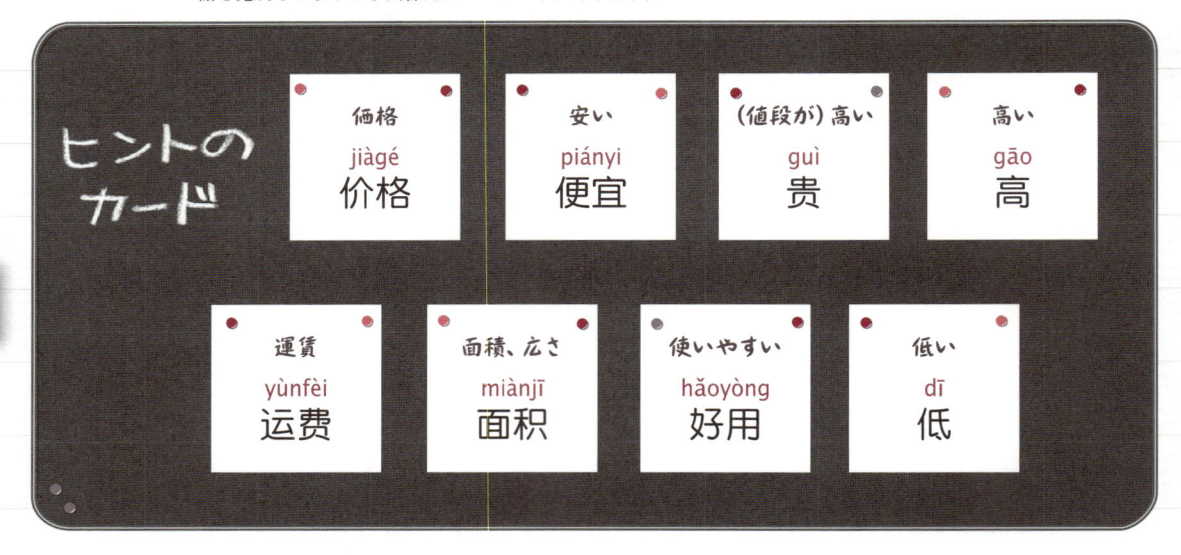

ヒントのカード

| 価格 jiàgé 价格 | 安い piányi 便宜 | （値段が）高い guì 贵 | 高い gāo 高 |

| 運賃 yùnfèi 运费 | 面積、広さ miànjī 面积 | 使いやすい hǎoyòng 好用 | 低い dī 低 |

①御社の価格はほかの会社よりずっと高い。
贵公司的价格比别的公司贵（　　　）。

②弊社の運賃は彼らよりちょっと安い。
我们公司的运费比他们的便宜（　　　）。

③ここの面積はあそこより大きい。
这儿的面积（　　　）那儿大。

④この製品はあそこより使いやすい。
这个产品比那个（　　　）。

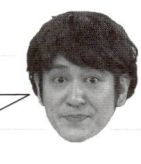

比較の"比"が使えるようになると、いろんな形容詞も学べます。

⑤このカバンはあれより高くない。
这个书包（　　　）那个贵。

⑥彼はわたしより3歳若い。
他比我（　　　）三岁。

高い、低い、安い、若い、いろんな形容詞を使った言い回しができるように、練習してみてください

⑦エッフェル塔は東京タワーより高くない。
Àifēi'ěr tiětǎ
艾菲尔铁塔没有东京塔（　　　）。

⑧この車の価格はあの車の価格より少し低い。
这辆车的价格比那辆车的价格（　　　）一点儿。

答え
①多了　②一点儿　③比　④好用
⑤没有　⑥年轻　⑦高　⑧低

よかったね！長山社長

鄧: Jīnglǐ, nín shuōshuo zhèige chā'é dàodǐ shì zěnme huí shìr!
经理，您说说这个差额到底是怎么回事儿！
社長、この差額、どういうことか答えてください！

長山: Wǒmen yìbiān kàn chūqín jìlù yìbiān tán, yěxǔ gèng zhǔnquè. Lái, ràng wǒmen dào lǐbian qù.
我们一边看出勤记录一边谈，也许更准确。来，让我们到里边去。
勤務記録を見ながら話しましょう。より正確かもしれません。さあ、中に行きましょう。

ナレーション: 考虑到对方的面子，长山决定到另一个房间与她单独谈谈。
相手のメンツも考えて、長山は別室で彼女だけと話そうと考えた。

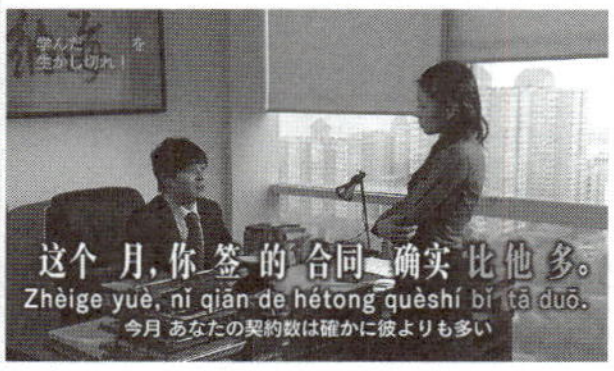

長山: Wǒ lǐjiě nǐ de bùmǎn. Zhèige yuè, nǐ qiān de hétong quèshí bǐ tā duō.
我理解你的不满。这个月，你签的合同确实比他多。
あなたの不満はよく理解しています。今月、あなたの契約数は確かに彼よりも多い。

Búguò, tā de jiābān shíjiān bǐ nǐ cháng.
不过，他的加班时间比你长。
しかし、彼の残業時間はあなたより長い。

鄧: Jiābān? Gōngzuò kuài de rén bù xūyào jiābān.
加班？工作快的人不需要加班。
残業？仕事が速ければ残業する必要はありません。

Zhèyàng de réncái shì zhēnzhèng yǒu nénglì de rén. Gèng hékuàng wǒ qiān de hétong bǐ tā duō…….
这样的人才是真正有能力的人。更何况我签的合同比他多……。
こういう人が本当に有能な人です。それにわたしの契約数は彼より多い……。

長山: Qiān hétong dāngrán huì dédào píngjià, dàn wǒmen bù wánquán àn bǐlǜ fēnpèi,
签合同当然会得到评价，但我们不完全按比率分配，
獲得契約数は当然評価しますが、完全歩合制ではなく、

hái yào kàn gōngzuò tàidu. Lìngwài, nǐ chídào de cìshù bǐ tā duō.
还要看工作态度。另外，你迟到的次数比他多。
勤務態度も評価します。それにもう一つ、あなたは遅刻の回数が彼より多い。

鄧: Wǒ……!
我……！
わたし……！

長山: Xiǎo Dèng a, nǐ de yíngxiāo nénglì bǐ gōngsī de rènhé yí ge rén dōu qiáng.
小邓啊，你的营销能力比公司的任何一个人都强。
鄧さん、あなたの営業能力は会社の誰よりも高い。

Yǐhòu xūyào qǐngjià de shíhou dāngrán kěyǐ qǐngjià. Búguò, yàoshi nǐ yǐhòu zài jiā yì bǎ jìnr dehuà, jiù gèng hǎo le.
以后需要请假的时候当然可以请假。不过，要是你以后再加一把劲儿的话，就更好了。
今後必要なときにはもちろん休んでもかまわない。でも、もしもう少し頑張ってもらえれば、もっと良い。

Nǐ shì wǒmen gōngsī bù kě quēshǎo de réncái. Hǎohāor gàn, jiāyóu a!
你是我们公司不可缺少的人才。好好儿干，加油啊！
あなたは我が社にとって欠かせない人材です。しっかりやりましょう。頑張ってください！

張: Huílai le! Zhēn méi xiǎngdào nǐ huì shuōchu yào cízhí zhèyàng de huà.
回来了！真没想到你会说出要辞职这样的话。
お帰り！君が辞めると言い出すとはなあ。

鄧: Hēng. Gōngzī suīrán bǐ nǐ dī, dàn gōngzuò zhìliàng kě bǐ nǐ gāo. Bié dǎrǎo wǒ a!
哼。工资虽然比你低，但工作质量可比你高。别打扰我啊！
ふん。給料はあなたより少なくても、仕事の質はあなたより高いわ。邪魔しないでね！

ナレーション: 可爱的劲敌！愛すべきライバル！

主な語句

中文	ピンイン	日本語
准确	zhǔnquè	確かである
何况	hékuàng	しかも
态度	tàidu	態度
迟到	chídào	遅刻する
请假	qǐngjià	休暇をもらう
劲儿	jìnr	力、ファイト
没想到	méi xiǎngdào	思いもよらない
一边～一边…	yìbiān~yìbiān…	～しながら…する
加班	jiābān	残業する
评价	píngjià	評価する
另外	lìngwài	別の、ほかの
次数	cìshù	回数
要是	yàoshi	もし
人才	réncái	人材
打扰	dǎrǎo	邪魔をする

田中直樹、会話に挑戦します！

今回は中国の展示会に出張でやってきました！
自社製品のネジを展示します。製品の性能の違いを、バイヤーさんに、説明してみせます。
大量受注につながるようがんばります！

段
Wǒ shì yào zài Shànghǎi zuò yí ge dàxíng de shāngchǎng.
我是要在上海做一个大型的商场。
上海に大きなショッピングセンターの建設を予定してるの。

Nǐmen de zhèi ge chǎnpǐn ma, dào hái búcuò.
你们的这个产品嘛，倒还不错。
この製品、悪くないわね。

Zhèige hé zhèige yǒu shénme bù yíyàng a?
这个和这个有什么不一样啊？
これとこれはどう違うの？

田中
Zhèige bǐ zhèige gāo.
这个比这个高。
これはこれよりも値段が高い。

「値段が高い」は"贵"ですね。
"高"は「高い・低い」の高さを言う時に使います。

段
Gāo? shénme gāo?
高？什么高？
高い？何が高いの？

背が「高い」と値段が「高い」は言い方が別なんですよね。
ついつい日本語につられちゃいます。
読者の皆さんも注意してくださいね！

田中
（あ、贵 guì でした）
Zhèige bǐ zhèige guì.
这个比这个贵。
これはこれよりも値段が高い。

段
Nà zhèi zhǒng hé nèi zhǒng yòu yǒu shénme bù yíyàng ne?
那这种和那种又有什么不一样呢？
では、これとあれは？

田中
Zhèige bǐ zhèige guì yí kuài.
这个比这个贵一块。
これは、これよりも一元高い。

段
Guì yí kuài.
贵一块。
一元高い。

Nà, zhèi zhǒng hé nèi zhǒng……
那，这种和那种……
では、これとあれは……

田中
Zhèige bǐ zhèige qīng.
这个比这个轻。
これは、これよりも軽い。

段
Gěi nǐ yí kuài qián.
给你一块钱。
1元あげるわ。

Búyòng zhǎo le, jiù suàn gěi nǐ xiǎofèi le.
不用找了，就算给你小费了。
おつりは要らない。チップよ。

Wǒ mǎi yí ge.
我买一个。
これ一つ買うわね。

Xièxie.
谢谢。
ありがとう。

阿部
一個しか売れてないですね。
田中さんと商売できな～い。

这个比这个轻。
Zhèige bǐ zhèige qīng.
これはこれよりも軽い

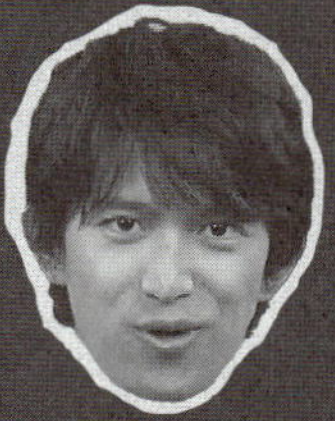

第16課 「今、作っています」「ちょうど検査してます」と言うには？

がんばって！長山社長 「長山たちに明日はない！」編

ナレーション 新产品的生产进展顺利，眼看就要发货了。但意想不到的事情突然袭击了满福电器公司。
新製品の生産も順調に進み、初出荷が間近に迫った。しかし思わぬ事態が満福電器をおそった。

段 Éi !? Zhè kě máfan le！Nà wǒmen zài shāngliangshangliang ba.
欸！？这可麻烦了！那我们再商量商量吧。
ええっ!? それは困ります！それならもう一度相談させてください。

胡 Chángshān ne ?
长山呢？
長山さんはどこだ？

段 长山さん、大変です！

ナレーション 电话是客户打来的，宣布停止交货期即将到来的热热先生的交易。
電話は取り引き先から来たもので、納期が間近に迫った「熱熱先生」の取り引き中止を告げるものだった。

取り引き先で。

長山 Lǐ xiānsheng！
李先生！
李さん！

李 Chángshān xiānsheng. Lái, lái, lái.
长山先生。来，来，来。
長山さん。まあまあ。

Chángshān xiānsheng qǐng lěngjìng, qǐng zuò, qǐng zuò.
长山先生请冷静，请坐，请坐。
長山さん落ち着いて、おかけください。

長山 Xiànzài shì shénmeyàng de qíngkuàng !?
现在是什么样的情况！？
今はどういう状況なんですか！？

李 Qíshí a, wǒmen dédàole yì tiáo zuìxīn de xiāoxi.
其实啊，我们得到了一条最新的消息。
実は、ある新しい情報を入手しましてね。

主な語句

máfan 麻烦 面倒である、面倒をかける

lěngjìng 冷静 冷静である

xiāoxi 消息 情報、ニュース

長山　**Shénme xiāoxi?**
什么消息？
どんな情報ですか？

李　**Mùqián, gǎishàn Zhōngguó yuángōng de fúlì dàiyù shì yí ge hěn dà de kètí.**
目前，改善中国员工的福利待遇是一个很大的课题。
目下、中国では労働者の福利厚生改善が大きな課題になっています。

Tīngshuō gěi Běijīng de gè dàxíng gōngchǎng dōu yào pèibèi wēibōlú shèbèi.
听说给北京的各大型工厂都要配备微波炉设备。
そこで北京の大手工場では、電子レンジの配備を進めているらしいのです。

Zhèyàng dehuà, nǐmen de xīn chǎnpǐn kǒngpà huì màibuchūqù de.
这样的话，你们的新产品恐怕会卖不出去的。
そうなれば、御社の新製品はおそらく売れなくなるでしょう。

長山　そんな……。

李　**Chángshān xiānsheng, gōngchǎng de shēngchǎnxiàn xiànzài shì ge shénmeyàng de zhuàngkuàng?**
长山先生，工厂的生产线现在是个什么样的状况？
長山さん、工場の生産ラインは今どのような状況ですか？

長山　まずいぞ……、何か言わないと！

Nèige…….
那个……。
あの……。

李　**Chángshān xiānsheng, xīwàng nín néng lǐjiě.**
长山先生，希望您能理解。
長山さん、ご理解ください。

Bìgōngsī méiyǒu nénglì jiēshòu fēngxiǎn gāo de xiàngmù.
敝公司没有能力接受风险高的项目。
当社はリスクの高い商品を抱える余裕はないんです。

Wǒ hái yǒu shìr, gàocí le…….
我还有事儿，告辞了……。
用事がありますので、失礼します……。

長山　**Qǐng, qǐng děng yíxià!**
请，请等一下！
ちょ、ちょっと待ってください！

ナレーション　面对突如其来的事态，长山不知如何是好。但要是能说出这么一句话……。
突然の出来事に、長山は何の打つ手もなかった。でもせめてひと言、こう言えたら……。

製品は今まさに作っているんだ！

主な語句

| pèibèi 配备 配備する | shèbèi 设备 設備 | fēngxiǎn 风险 リスク |
| tīngshuō 听说 聞くところによると | wēibōlú 微波炉 電子レンジ | kǒngpà 恐怕 おそらく | gàocí 告辞 いとまを告げる |

今回の必須単語はコレだ！

| 上网 shàngwǎng ネットを見る | 洗脸 xǐ liǎn 顔を洗う | 刷牙 shuāyá 歯を磨く | 化妆 huàzhuāng 化粧する | 刮脸 guāliǎn ひげをそる | 开车 kāichē 運転する | 散步 sànbù 散歩する |

陳淑梅の ときどき厳しい 文法講座

□ 進行中であることを伝える

"在" + 動詞フレーズ + "呢"

Nǐ zài gàn shénme ne?
你在干什么呢？
あなたは何をしているのですか？

Wǒ zài kàn shū ne.
我在看书呢。
わたしは本を読んでいます。

Tā zài dǎ diànhuà ne.
他在打电话呢。
彼は電話しています。

Xiǎo Duàn zài kǎobèi ne.
小段在拷贝呢。
段さんはコピーをしています。

Tā zài shàngwǎng ne.
她在上网呢。
彼女はインターネットをしています。

Ābù zài kāihuì ne.
阿部在开会呢。
阿部さんは会議をしています。

> 「コピーする」は"复印" fùyìn とも言います。

解説
「～している」と動作行為の進行を表すには、動詞の前に進行を表す副詞"在"をつけ、文末に助詞の"呢"を置きます。"呢"は語気助詞で、多くの場合は話しことばに使われます。

□「～している」のほかの言い方

動詞フレーズ+"呢"／"在"+動詞フレーズ／"正在"+動詞フレーズ(+"呢")

Wǒ xiě bàogào ne.
我写报告呢。
わたしは今レポートを書いています。

Wǒ zhèngzài děng rén ne.
我正在等人呢。
わたしは人を待っています。

Māma zài zuò wǎnfàn.
妈妈在做晚饭。
母は晩ごはんを作っています。

Wǒ zhèngzài kǎolǜ zhèige wèntí.
我正在考虑这个问题。
わたしはこの問題を考えています。

Wǒ zhèngzài gōngchǎng jiǎnchá gōngzuò.
我正在工厂检查工作。
工場の仕事の検査をしています。

解説
"在～呢"のほか、「動詞フレーズ+"呢"」「"在"+動詞フレーズ」「"正在"+動詞フレーズ(+"呢")」という表現もできます。"正在"は「ちょうど～している」という意味を表します。

□ 状態の持続を伝える

動詞+"着"(＋目的語)

Mén kāizhe ne.
门开着呢。
ドアは開いています。

Chuānghu guānzhe ne.
窗户关着呢。
窓は閉まっています。

Tā jìzhe yì tiáo yánsè xiānyàn de lǐngdài.
他系着一条颜色鲜艳的领带。
彼は色が鮮やかなネクタイをしめています。

解説
"着"zheは、動作や状態の持続を表す助詞で、動詞の直後に置きます。動詞に目的語がついている場合は、「動詞+"着"+目的語」という順番になります。文末の"呢"は話しことばに使われます。また、否定文の場合は"不"ではなく、"没(有)"を使います。

ドリルに挑戦してみましょう。

前のページで学習したことや「ヒントのカード」を参考に、①〜⑧の（　）を埋め、中国語を完成させましょう。(答えはページの下にあります)。

ヒントのカード

歯を磨く	ひげをそる
shuāyá	guāliǎn
刷牙	刮脸

「ひげをそる」は刮胡子 guā húzi とも言います。

化粧する	顔を洗う	運転する	散歩する
huàzhuāng	xǐ liǎn	kāichē	sànbù
化妆	洗脸	开车	散步

① わたしは歯を磨いています。
我刷牙（　　　）。

② 彼はひげをそっています。
他（　　　）呢。

③ 姉は化粧をしています。
姐姐正在（　　　）呢。

④ 父は顔を洗っています。
爸爸正在（　　　）。

⑤ 母は散歩しています。
妈妈在（　　　）。

⑥ あなたは何をしていますか？
你在干（　　　）呢?

⑦ 窓は開いています。
窗户开（　　　）呢。

⑧ 彼は運転しています。
他在（　　　）呢。

「〜している」はいろんな言い方があるので、全部を勉強した上で、自分の好きな言い方を見つけるといいかもしれないですね。

答え
①呢　②刮脸　③化妆　④洗脸または洗脸呢
⑤散步または散步呢　⑥什么　⑦着　⑧开车

よかったね！長山社長

長山　Lǐ xiānsheng, qǐng děng yíxià.
李先生，请等一下。
李さん、ちょっとお待ちください。

長山　Chǎnpǐn zhèngzài zuò ne.
产品正在做呢。
製品は今まさに作っています。

Wǔbǎi tái yǐjīng kǔnbāo wánbì, zhǐ shèngxia zuìhòu gōngxù le.
五百台已经捆包完毕，只剩下最后工序了。
500台は梱包を終わり、残りは最終工程に入っています。

李　Ó, shì ma. Kěshì jiàgé shì ge wèntí.
哦，是吗。可是价格是个问题。
ふむ、しかし価格が問題です。

Yǒu méiyǒu jiàngdī jiàgé de kěnéngxìng?
有没有降低价格的可能性？
もう少し安くなる可能性は？

長山　Wǒ zhèngzài kǎolǜ zhèige wèntí.
我正在考虑这个问题。
ちょうどその問題を考えているところです。

Kěshì wǒ yí ge rén bù néng zuòzhǔ.
可是我一个人不能作主。
が、我々の独断では決められません。

Xiànzài zhèngzài gēn Dōngjīng zǒnggōngsī liánxì.
现在正在跟东京总公司联系。
今まさに東京本社と連絡を取っているところです。

Búguò, kǒngpà dàfúdù de jiàngjià, kěnéngxìng bú dà.
不过，恐怕大幅度的降价，可能性不大。
しかし、おそらく大幅な値引きは難しいでしょう。

李　Shì ma? Chángshān xiānsheng, jíshǐ zhèi cì wǒmen de jiāoyì bù néng dáchéng,
是吗？长山先生，即使这次我们的交易不能达成，
そうなのですか？長山さん、今回の我々の取り引きがまとまらなくても、

wǒmen zhījiān de xìnlài guānxi bú huì gǎibiàn.
我们之间的信赖关系不会改变。
我々の間には変わらぬ信頼関係があります。

Jīnhòu hái qǐng duōduō guānzhào.
今后还请多多关照。
今後ともよろしくお願いします。

Wǒ hái yǒu shìr, duìbuqǐ, gàocí le.
我还有事儿，对不起，告辞了。
次の用事があるので、すみません、失礼します。

ナレーション　长山一下子被打入了八层地狱。事态是否还能转变呢？
窮地に追いやられた長山。果たして事態を変えることはできるのか？

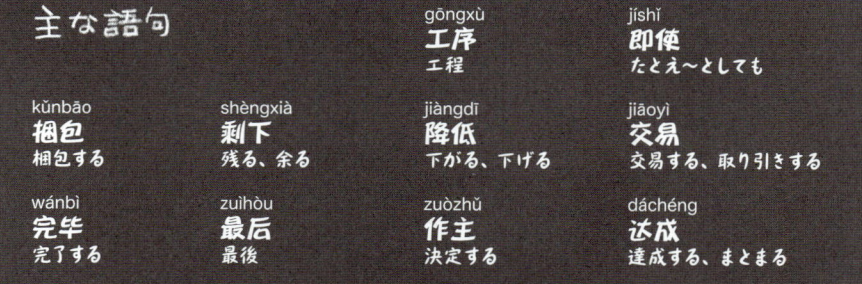

"长山先生，加油！"
長山さん、がんばれ！

主な語句

gōngxù	jíshǐ
工序	即使
工程	たとえ〜としても

kǔnbāo	shèngxia	jiàngdī	jiāoyì
捆包	剩下	降低	交易
梱包する	残る、余る	下がる、下げる	交易する、取り引きする

wánbì	zuìhòu	zuòzhǔ	dáchéng
完毕	最后	作主	达成
完了する	最後	決定する	達成する、まとまる

第16課

田中直樹、会話に挑戦します！

リポートの仕事って、何が起こるかわかりません。だから面白いとも言えますね。中国の公園をリポートできるなんて、中国語勉強した甲斐があります。「〜している」の表現をうまく使ってみたいと思います！

（中国らしい光景ですね、太極拳をやってますね）

田中: Tāmen zài dǎ tàijíquán ne.
他们在打太极拳呢。
彼らは太極拳をしています。

（走っている人がいますね）

田中: Měinǚ zài pǎobù ne.
美女在跑步呢。
きれいな女性がジョギングをしています。

阿部: Měinǚ ma?
美女吗？
きれいでした？

田中: Zǎoshang hǎo.
早上好。
おはようございます。

段: Zǎoshang hǎo.
早上好。
おはようございます。

阿部: Nǐ hǎo.
你好。
こんにちは。

田中: Nǐ zài gàn shénme ne?
你在干什么呢？
あなたは何をしているのですか？

跑步
pǎobù
ジョギングをする

段: Wǒ zài sànbù ne.
我在散步呢。
私は散歩しています。

田中: かわいい犬ですね。

段: Zhè shì wǒ de gǒu
这是我的狗。
私の犬です。

田中: だっこしてもいいですか？

段: Hǎo
好。
いいですよ。

（犬に噛まれて）

田中: Nǐ de gǒu zài gàn shénme ne?
你的狗在干什么呢？
あなたの犬は何をしていますか？

段: Wǒ de gǒu zhèngzài yǎo nǐ ne.
我的狗正在咬你呢。
私の犬はちょうどあなたを噛んでいるところです。

你的狗在干什么呢？
Nǐ de gǒu zài gàn shénme ne?
あなたの犬は 何をしていますか

台湾ロケでも、朝の公園に行ったんですが、太極拳とかダンスとかいろんな健康法をやってるんですね。健康についての意識も高く、朝の時間が充実している、と思いました。何より朝ごはんがおいしく食べられるのがいいですね！

第17課 「〜してもいいですか？」と許可を求める言い方

がんばって！長山社長
「店員はわかってくれない」編

ナレーション 新产品上市之前被迫中止交易，面对这一惨状的长山经理。这样下去的话，库存就要堆成山了。无论如何也得找到销售渠道！员工们分工合作，展开了一场销售战。
新製品の発売直前で取り引き中止に追い込まれ、悲惨な状況に直面している長山社長。このままでは、在庫の山を抱えてしまう。何とか販売先を開拓しなければ！ 社員たちは手分けして販売活動をおこなうことにした。

長山 Nǐ hǎo, wǒ shì Mǎnfú diànqì gōngsī de, xìng Chángshān.
你好，我是满福电器公司的，姓长山。
こんにちは、わたしは満福電器の長山と申します。

Nǐ hǎo.
你好。
どうも。

長山 Zhè shì wǒmen gōngsī de xīnchǎnpǐn "Rèrè xiānsheng".
这是我们公司的新产品"热热先生"。
これは弊社の新製品「熱熱先生」です。

担当 Ó？ Zhè shì shénme a？
哦？ 这是什么啊？
え？ 何それ？

段 Suíshí suídì dōu kě zuòchu rèhūhū de měiwèi kěkǒu de héfàn,
随时随地都可做出热乎乎的美味可口的盒饭，
いつでもどこでも温かくておいしいお弁当を作り出せる、

yòng de jiùshì wǒmen de zhè tái biànxiéshì héfànjī！
用的就是我们的这台便携式盒饭机！
携帯式のお弁当製造機です！

Hěn lìhai yo！
很厉害哟！
すごいんですよ！

担当 Ò, jiù xiàng ge xiǎo diànfànguō, duì ba？ Nà hǎo ba, liú yí fènr jièshàoshū ba.
哦，就像个小电饭锅，对吧？ 那好吧，留一份儿介绍书吧。
へえ、つまり小さい炊飯器だ、そうでしょう？ わかったよ、パンフレット置いといて。

段 Zhèige rén hǎoxiàng méiyǒu juédìngquán. Wǒmen shuō de bù zhīdào tā tīngdǒng méiyǒu？
这个人好像没有决定权。我们说的不知道他听懂没有？
この人に決定権はないようですね。わたしたちが言ったこと、伝わったのかなあ？

Kànlái bù gēn shàngbiān de fùzérén zhíjiē jiāoshè, bú huì qīngyì tántuǒ de.
看来不跟上边的负责人直接交涉，不会轻易谈妥的。
責任者と直接交渉しないと、簡単には話がまとまらないでしょうね。

ナレーション 长山想，此时此刻如果能说这样一句话……。
長山は思った。こんなとき、このひと言が言えれば……。

社長に会わせてください！

主な語句

měiwèi 美味 おいしい食べ物	**lìhai** 厉害 すごい	**hǎoxiàng** 好像 〜のような気がする、まるで〜のようである	**kànlái** 看来 見たところ〜のようだ
suíshí suídì 随时随地 いつでもどこでも	**kěkǒu** 可口 口に合う	**xiàng** 像 似る、〜のようである	**qīngyì** 轻易 簡単に

今回の必須単語はコレだ！

照相	摄像	抽烟	信用卡	打开	试
zhàoxiàng	shèxiàng	chōuyān	xìnyòngkǎ	dǎkāi	shì
写真を撮る	ビデオを撮る	タバコを吸う	クレジットカード	開ける	試す

陳淑梅の ときどき厳しい 文法講座

□ "可以"を使う

Kěyǐ zhàoxiàng ma？
可以照相吗？――――――
写真を撮ってもいいですか？

Kěyǐ zhàoxiàng.
可以照相。
いいです。

Kěyǐ shèxiàng ma？
可以摄像吗？――――――
ビデオを撮ってもいいですか？

Kěyǐ.
可以。
いいです。

Zhèr kěyǐ chōuyān ma？
这儿可以抽烟吗？――――――
ここではタバコを吸ってもいいですか？

Bù kěyǐ.
不可以。
だめです。

Kěyǐ dǎkāi ma？
可以打开吗？――――――
開けてもいいですか？

Bù xíng.
不行。
だめです。

Kě(yǐ) bu kěyǐ yòng xìnyòngkǎ？
可（以）不可以用信用卡？――――――
クレジットカードを使ってもいいですか？

Kěyǐ.
可以。
いいです。

「タバコを吸う」は"吸烟" xīyān とも言います。

「クレジットカードを使う」は最近"刷卡" shuākǎ という言い方がよく使われます。

解説
"可以"は「～できる」「～していい」ということを表す助動詞です。「～してもいいですか」と許可を求めるときによく使われます。
疑問文の答えとして単独で使うこともできます。「はい、いいですよ」と言う場合は、"可以"、"行"、「いいえ、だめです」と言う場合は"不可以"、または"不行"という言い方もできます。"行"は「よろしい」という意味です。
また、反復疑問文の場合は"可以不可以～"と"可不可以～"の二つの言い方ができます。

□ "能"を使う

Tā shēntǐ bù shūfu, jīntiān bù néng lái.
他身体不舒服，今天不能来。
彼は体調がよくないので、今日は来られません。

Zhèige jiàgé wǒmen bù néng jiēshòu.
这个价格我们不能接受。
この価格は、我々は受け入れられません。

Zhǐyào wǒmen gòngtóng nǔlì, zhèige xiàngmù yídìng néng chénggōng.
只要我们共同努力，这个项目一定能成功。
わたしたちが共同して努力しさえすれば、このプロジェクトはきっと成功できます。

Zhèr bù néng chōuyān.
这儿不能抽烟。
ここではタバコを吸えません。

解説
"能"は助動詞で、「(条件が備わっていて)～できる」ことを表します。
"这儿不能抽烟。"は、"这儿不可以抽烟"という言い方もできます。"不可以～"は「～してはいけない」というニュアンスがあります。

ドリルに挑戦してみましょう。

前のページで学習したことや「ヒントのカード」を参考に、①〜⑧の（　）を埋め、中国語を完成させましょう。(答えはページの下にあります)。

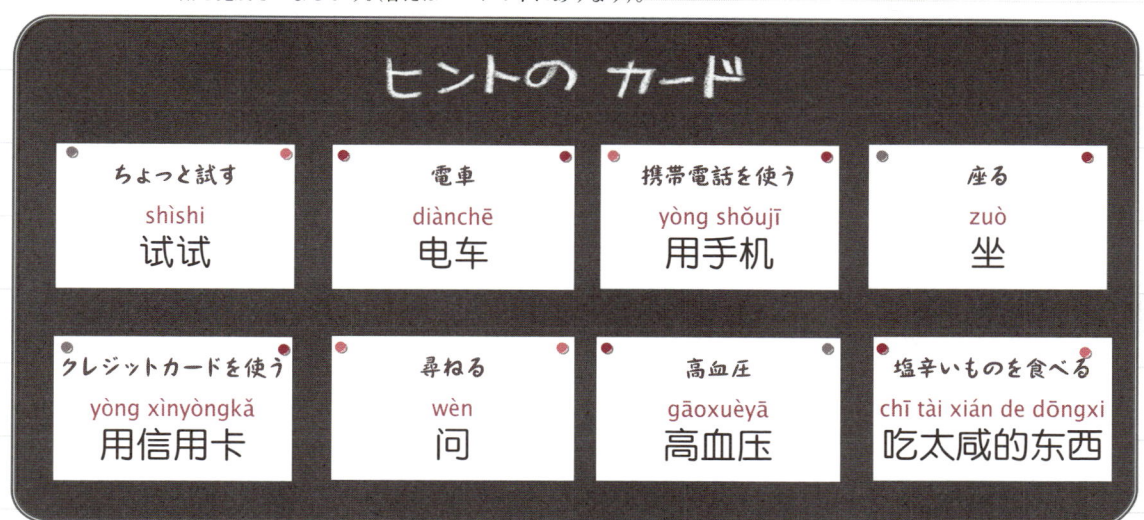

ヒントの カード

ちょっと試す	電車	携帯電話を使う	座る
shìshi	diànchē	yòng shǒujī	zuò
试试	电车	用手机	坐

クレジットカードを使う	尋ねる	高血圧	塩辛いものを食べる
yòng xìnyòngkǎ	wèn	gāoxuèyā	chī tài xián de dōngxi
用信用卡	问	高血压	吃太咸的东西

①試してもいいですか？

可以（　　　）吗？

②電車で携帯電話を使ってもいいですか？

电车上可以（　　　）吗？

③ここに座ってもいいですか？

（　　　）可以坐吗？

④クレジットカードを使えません。

（　　　）用信用卡。

⑤ちょっとお尋ねしてもいいですか？

（　　　）问你一下？

⑥あなたは明日来られますか？

你明天（　　　）来吗？

⑦ここは写真を撮って構いません。

这儿可以（　　　）。

⑧高血圧の人は塩辛いものを食べられません。

高血压的人（　　　）吃太咸的东西。

"可以"と"能"、どっちがどっちか迷いますよね。最初はゴチャゴチャになりました。

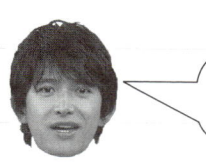

④や⑧の否定の場合も、大事ですよ！

答え
①试试　②用手机　③这儿　④不能または不可以　⑤可可以または可以不可以または能不能　⑥能　⑦照相　⑧不能または不可以

よかったね！長山社長

第17課

担当
Liú yí fènr chǎnpǐn jièshàoshū ba.
留一份儿产品介绍书吧。
パンフレット置いといて。

長山
Qǐng děng yíxià.
请等一下。
ちょっと待ってください。

Kěyǐ jiànjian nǐmen jīnglǐ ma？
可以见见你们经理吗？
社長とお会いできますか？

担当
Jīnglǐ bú zài, bùzhǎng kěyǐ jiēdài nǐmen.
经理不在，部长可以接待你们。
社長は不在だけど、部長なら会えますよ。

長山
Nà kěyǐ jiàn yíxià yíngxiāo bùzhǎng ma？
那可以见一下营销部长吗？
では営業部長とお会いできますか？

担当
Xíng.
行。
いいですよ。

営業部長
Wǒ yí ge rén juédìngbuliǎo.
我一个人决定不了。
わたし一人では決められない。

Xīn chǎnpǐn de shìqing děi wèn jìshù bùzhǎng.
新产品的事情得问技术部长。
新製品のことは技術部長に聞かないと。

長山
Nà hǎo, kěyǐ jiàn yíxià jìshù bùzhǎng ma？
那好，可以见一下技术部长吗？
ではわかりました、技術部長とお会いできますか？

営業部長
Hǎo ba.
好吧。
ええ。

技術部長
Wǒ yí ge rén shuōle bú suàn. Xīn chǎnpǐn de shìqing děi wèn màichǎng de rén.
我一个人说了不算。新产品的事情得问卖场的人。
わたしでは何とも言えない。新製品のことなら売り場の人に聞かないと。

長山
Kěyǐ hé màichǎng de fùzérén tányitán ma？
可以和卖场的负责人谈一谈吗？
売り場の責任者と話すことはできますか？

技術部長
Kěyǐ.
可以。
できますよ。

担当
Zhīdào le, chǎnpǐn jièshào jiù liúzài zhèr ba. Bàibai！
知道了，产品介绍就留在这儿吧。拜拜！
わかったよ、パンフレット置いといて。バイバイ！

長山、段
……。

ナレーション 突然袭击式的推销，可不那么简单。长山经理，加油！
飛び込み営業は甘くない。長山社長、頑張れ！

主な語句

jiēdài
接待
応接する

〜buliǎo
〜不了
〜しきれない

田中直樹、会話に挑戦します！

北京の古い街並の観光ツアーに参加します。
重要文化財に指定されている場所があるらしいので、
気をつけて観光します。
「〜していいですか？」の表現を使ってみせるぞ〜！

段　Hútòng yīrìyóu de yóukè, qǐng dào zhèlilái.
　　胡同一日游的游客，请到这里来。
　　胡同日帰りツアーに参加のみなさん、こちらへ来て下さい。

　　Nǐ hǎo.
　　你好。
　　こんにちは。

田中、阿部　Nǐ hǎo.
　　你好。
　　こんにちは。

段　Zhèli shì chuántǒng jiànzhù sìhéyuàn,
　　这里是传统建筑四合院，
　　こちらは伝統的建築の四合院です、

　　zhège yuànzi shì qīngdài jiànzào de.
　　这个院子是清代建造的。
　　清の時代のものです。

田中　門もすごく立派ですよね。

　　Kěyǐ zhàoxiàng ma?
　　可以照相吗？
　　写真を撮ってもいいですか？

段　Kěyǐ. Wǒ lái bāng nǐmen zhào ba.
　　可以。我来帮你们照吧。
　　いいです。私が撮りましょう。

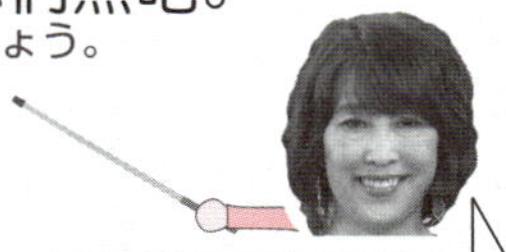

田中　Xièxie!
　　谢谢！
　　ありがとう。

"来"は他の動詞の前に置いて、
積極的に動作しようとする
姿勢を表します。

段　Bú kèqi.
　　不客气。
　　どういたしまして。

段　Yī, èr, sān, qiézi! Hǎo, zhàowán la.
　　1・2・3 茄子！好，照完啦。
　　1・2・3　茄子！はい、撮れましたよ。

段　Nà wǒmen jìnqu ba.
　　那我们进去吧。
　　中に入りましょう！

田中　イスがありますね。
　　Kěyǐ zuò ma?
　　可以坐吗？
　　座ってもいいですか？

段　Bù kěyǐ!
　　不可以！
　　ダメです。

触らなければ大丈夫です
可以 闻 吗？
Kěyǐ wén ma?
臭いを嗅いでいいですか

段　Zhè shì zhòngyào de wénwù. Zhèli bù néng zuò.
　　这是重要的文物。这里不能坐。
　　重要文化財なので、ここに座ってはいけません。

田中　Kěyǐ mō ma?
　　可以摸吗？
　　触ってもいいですか？

段　Guóbǎo bù kěyǐ mō.
　　国宝不可以摸。
　　国宝に触ってはいけません。

田中　Kěyǐ wén ma?
　　可以闻吗？
　　臭いを嗅いでいいですか？

段　Nǐ bù mō jiù kěyǐ.
　　你不摸就可以。
　　触らなければ大丈夫です。

段　Jīntiān de hútòng yīrìyóu dào zhèli jiù jiéshù le.
　　今天的胡同一日游到这里就结束了。
　　本日の日帰りツアーはこれで終わりです。

　　Qǐng èr wèi yóukè fù dǎoyóufèi.
　　请二位游客付导游费。
　　ガイド代をお支払いください。

田中　Kě bu kěyǐ yòng xìnyòngkǎ?
　　可不可以用信用卡？
　　クレジットカードを使ってもいいですか？

段　Duì bu qǐ. Bù kěyǐ yòng xìnyòngkǎ.
　　对不起。不可以用信用卡。
　　ごめんなさい。クレジットカードは使えません。

　　Yào yòng xiànjīn.
　　要用现金。
　　現金でお願いします。

田中　（阿部に）借りていいですか？

阿部　持って来てないんですよ。
　　払うって言ってたじゃないですか。

第17課

第18課 面接で何ができるか質問してみる

がんばって！長山社長 「面接官の沈黙」編

ナレーション 满福电器驻北京办事处决定招聘营业员工。他们能不能招聘到优秀人才呢？其实长山经理还有一件很不放心的事。
満福電器北京駐在事務所では、営業員を募集することにした。優秀な人材を獲得できるだろうか。実は長山社長にはもう一つ、心配なことがあった。

長山 ああ、中国語でうまく質問できるだろうか。

段 Kuài dào shíjiān le,
快到时间了，
そろそろ時間だわ。

wǒmen bǎ yìngpìn de rén jiàojinlai ba.
我们把应聘的人叫进来吧。
面接参加者を呼びましょう。

会議室で。面接が始まっている。

段 Qǐng xiān shuō yíxià nín de míngzi hé chūshēng dìdiǎn.
请先说一下您的名字和出生地点。
まず、あなたのお名前と出身地を教えてください。

長山 あ、その質問、俺が聞きたかった！

黄 Wǒ jiào Huáng Àilíng, shì Wǔhànrén.
我叫黄爱玲，是武汉人。
黄愛玲と申します。武漢出身です。

張 Dàxué de zhuānyè shì shénme?
大学的专业是什么？
大学での専門は何ですか？

長山 いい質問だ。俺にとっといてくれよ。

黄 Qǐyèjīngyíngxué.
企业经营学。
企業経営学です。

主な語句

yìngpìn	chūshēng dìdiǎn	zhuānyè
应聘	出生地点	专业
招請に応じる	出身地	大学などの専攻

胡　**Nà wǒ lái wèn nǐ yí ge wèntí,**
那我来问你一个问题，
ではわたしから一つ質問。

nǐ duì jīnhòu shí nián Zhōngguó de jīngjì qíngkuàng shì zěnme kàn de?
你对今后十年中国的经济情况是怎么看的?
今後10年の中国の経済状況についてどうお考えですか?

長山　質問のレベルを上げるな!!　次、俺の番なのに。

黄　**Cóng hóngguān de jiǎodù lái kàn ne,**
从宏观的角度来看呢，
マクロの視点で見ると、

suízhe jīngjì de fāzhǎn,
随着经济的发展，
経済発展に伴って、

dìfāng chéngshì de pǔtōngxíng chéngshì jiànshè jìhuà jiāng búduàn zēngjiā,
地方城市的普遍型城市建设计划将不断增加，
地方都市のユビキタス的都市建設計画が進み、

tóuzījiā kànhǎo shìchǎng, zēngjiā tóuzī fúdù,
投资家看好市场，增加投资幅度，
投資家たちが市場を見て投資が増し、

yóucǐ zàochéng jiàgé shàngzhǎng.
由此造成价格上涨。
価格の高騰をもたらすでしょう。

Nàme cóng wēiguān de jiǎodù lái kàn ne…….
那么从微观的角度来看呢……。
では、ミクロの視点で見たときはどうかというと……。

難しいことばを並べ立てる黄。一同、わけがわからない様子だ。

胡　**Díquè rúcǐ, nǐ de jiànjiě hěn hóngguān yě hěn wēiguān, fēicháng shēnkè.**
的确如此，你的见解很宏观也很微观，非常深刻。
なるほど、あなたの見解はマクロ的かつミクロ的で、とても深いね。

ナレーション　终于轮到长山经理了。作为最后一个提问的考官，也作为公司的经理，得提一个像样儿的高水平问题。
いよいよ長山社長の番である。最後の質問者として、社長として、高水準の質問をしたいところだ。

なかなかことばが出ない長山。

段　長山さん、どんなことができるか、聞いてみたらどうですか?

パソコンとか会計事務とか……。

長山　それって、どういえば……。

ナレーション　这时，长山经理强烈地感受到，要是能用汉语这样问一下。
このとき、長山社長は強く感じていた。中国語でこのように尋ねられたら。

あなた、こんなことができますか?
あんなことはできますか?

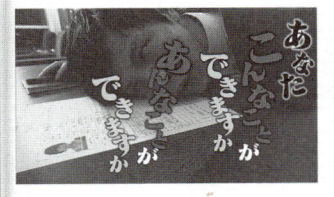

主な語句

| hóngguān 宏观 巨視的な | jiànshè 建设 建設する | zàochéng 造成 引き起こす、もたらす | wēiguān 微观 微視的な |
| chéngshì 城市 都市 | jìhuà 计划 計画する | shàngzhǎng 上涨 上昇する | díquè 的确 確かだ、疑いない |

拉二胡	弹钢琴	游泳	打网球	说英语	写报告
lā èrhú	tán gāngqín	yóuyǒng	dǎ wǎngqiú	shuō Yīngyǔ	xiě bàogào
二胡を弾く	ピアノを弾く	泳ぐ	テニスをする	英語を話す	レポートを書く

今回の必須単語はコレだ！

陳淑梅のときどき厳しい文法講座

第18課

□ "会" を使う

主語＋"会"＋動詞フレーズ

Wǒ huì tán gāngqín.
我会弹钢琴。
わたしはピアノが弾けます。

Tā huì lā xiǎotíqín.
她会拉小提琴。
彼女はバイオリンが弾けます。

Nǐ huì lā èrhú ma?
你会拉二胡吗？ ── 我会拉二胡。
あなたは二胡が弾けますか？

Wǒ huì lā èrhú.
わたしは二胡が弾けます。

Nǐ huì dǎ wǎngqiú ma?
你会打网球吗？ ── 我不会打网球。
あなたはテニスができますか？

Wǒ bú huì dǎ wǎngqiú.
わたしはテニスができません。

Nǐ huì zuò cài ma?
你会做菜吗？ ── 会。
あなたは料理を作ることができますか？

Huì.
はい、できます。

Nǐ huì kāichē ma?
你会开车吗？ ── 不会。
あなたは車の運転ができますか？

Bú huì.
いいえ、できません。

解説
"会"は助動詞で、「（学習や訓練を通して基本技能や技術をマスターして）〜できる」ということを表します。"会"を使った疑問文の答えは、単独で"会"「はい」、"不会"「いいえ」と言うことができます。反復疑問文の場合は"会不会〜"となります。

□ "会" と "能" を使いわける

Nǐ huì bu huì yóuyǒng?
你会不会游泳？ ── 会（游泳）。
泳げますか？

Huì (yóuyǒng).
泳げます。

Nǐ yì fēnzhōng néng yóu duōshao mǐ?
你一分钟能游多少米？ ── 能游五十米。
1分間に何メートル泳げますか？

Néng yóu wǔshí mǐ.
50メートル泳げます。

Nǐ huì shuō Yīngyǔ ma?
你会说英语吗？ ── 会一点儿。
英語を話せますか？

Huì yìdiǎnr.
少しできます。

Nǐ néng yòng Yīngyǔ xiě bàogào ma?
你能用英语写报告吗？ ── 我不能用英语写报告。
英語でレポートを書くことができますか？

Wǒ bù néng yòng Yīngyǔ xiě bàogào.
わたしは英語でレポートを書くことができません。

解説
"会"と"能"はともに助動詞です。"会"が、学習や訓練を通して基本技能や技術をマスターして「できる」ことを表すのに対して、"能"は基本技能があった上で、具体的にどの程度のことができるかを言うときに使われます。ニュアンスの違いに注意しましょう。

ドリルに挑戦してみましょう。

前のページで学習したことや「ヒントのカード」を参考に、①〜⑧の（　）を埋め、中国語を完成させましょう。(答えはページの下にあります)。

ヒントのカード

ゴルフをする	お酒を飲む	写真を撮る	パソコンを使う
dǎ gāo'ěrfūqiú	hē jiǔ	zhàoxiàng	yòng diànnǎo
打高尔夫球	喝酒	照相	用电脑

ピアノやギターのような、指でたたくか、はじくように引く楽器は"弹"を使います。バイオリンや二胡のような、弦楽器は動詞"拉"を使います。

ピアノを弾く	フランス語を話す	3本のビールを飲む
tán gāngqín	shuō Fǎyǔ	hē sān píng píjiǔ
弹钢琴	说法语	喝三瓶啤酒

第18課

①ゴルフができますか？
你（　　　）打高尔夫球吗？

②お酒が飲めますか？
你（　　　）喝酒？　※お酒の量ではなく、アルコールは大丈夫かというニュアンスです。

③写真を撮れますか？
你会（　　　）吗？

④パソコンを使えますか？
你会用电脑（　　　）？

「酒を飲める」は"会"なのに、「ビールを3本飲める」だと"能"なんですね！

⑤ピアノを弾けますか？
你会不会（　　　）？

⑥パソコンでレポートを書けますか？
你（　　　）用电脑写报告吗？

⑦わたしはフランス語を話せません。
我（　　　）说法语。

⑧わたしはビールを3本飲めます。
我（　　　）喝三瓶啤酒。

答え
①会　②会不会　③照相　④吗
⑤弹钢琴　⑥能　⑦不会　⑧能

よかったね！長山社長

胡　Quèshí rúcǐ, nǐ de jiànjiě hěn hóngguān yě hěn wēiguān, fēicháng shēnkè.
　　确实如此，你的见解很宏观也很微观，非常深刻。
　　なるほど、あなたの見解はマクロ的かつミクロ的で、とても深いね。

長山　Wǒ shì jīnglǐ Chángshān.
　　　我是经理长山。
　　　社長の長山です。

　　Huáng xiǎojiě, jīntiān gǎnxiè nǐ lái yìngpìn.
　　黄小姐，今天感谢你来应聘。
　　黄さん、今日は来てくれてありがとう。

　　Wǒ xiǎng xiān wèn nǐ,
　　我想先问你，
　　まず質問したい。

　　nǐ yǒu shénme xìngqù àihào?
　　你有什么兴趣爱好？
　　あなたの趣味は何ですか？

黄　Wǒ de àihào shì shèyǐng.
　　我的爱好是摄影。
　　趣味は写真です。

長山　Ò. Zhème shuō, nǐ huì zhàoxiàng?
　　　哦。这么说，你会照相？
　　　ほう。では、写真を撮るんだね？

黄　Huì.
　　会。
　　撮れます。

長山　Nǐ yòng de shì shénme xiàngjī ne?
　　　你用的是什么相机呢？
　　　どのようなカメラを使っていますか？

黄　Wǒ yòng de shì Rìběn zhìzào de NICA xiàngjī.
　　我用的是日本制造的ＮＩＣＡ相机。
　　日本製のＮＩＣＡです。

長山　Nǐ néng bu néng shuōshuo zhèi zhǒng xiàngjī de quēdiǎn?
　　　你能不能说说这种相机的缺点？
　　　そのカメラの気に入っていない点を説明できますか？

黄　Ò. Zhèi zhǒng xiàngjī de xìngnéng fēicháng hǎo,
　　哦。这种相机的性能非常好，
　　はぁ。このカメラの性能はとても良いのですが、

　　kě jiùshì yǒudiǎnr zhòng.
　　可就是有点儿重。
　　やや重いです。

　　Wǒ jīngcháng zài lǚyóu de shíhou pāizhào,
　　我经常在旅游的时候拍照，
　　よく旅先で写真を撮るのですが、

　　zhèyàng de shíhou jiù juéde yǒudiǎnr bùbiàn.
　　这样的时候就觉得有点儿不便。
　　このときはちょっと不便を感じます。

主な語句

| xìngqù 兴趣 興味、趣味 | shèyǐng 摄影 写真を撮る | quēdiǎn 缺点 欠点 |
| àihào 爱好 趣味 | xiàngjī 相机 カメラ | pāizhào 拍照 写真を撮る |

長山
Ò, shì ma.
哦，是嘛。
おお、なるほど。

Nàme, nǐ néng bu néng zài shuōshuo zhèi zhǒng xiàngjī de yōudiǎn ne?
那么，你能不能再说说这种相机的优点呢？
では、このカメラの長所も説明することはできますか？

黄
Zhèi zhǒng xiàngjī de yōudiǎn shì……,
这种相机的优点是……，
このカメラの良い点は……、

názài shǒuzhōng shí de zhòngliànggǎn,
拿在手中时的重量感，
手に持ったときの重量感で、

tā néng gěi rén yì zhǒng yōuzhì、gāojí de gǎnjué.
它能给人一种优质、高级的感觉。
すぐれた品質、高級感を感じます。

Bìngqiě shǒugǎn yě hěn hǎo,
并且手感也很好，
そして、手に持った感触がとても良く、

ràng rén bùrěn shì shǒu.
让人不忍释手。
ずっと手に納めていたくなります。

面接が終わり、一息入れている一同。

胡
Nín zhè wèntí tíde tài gāomíng le.
您这问题提得太高明了。
社長の質問は実に優れていました。

Búkuì shì wǒmen de lǎobǎn a！
不愧是我们的老板啊！
さすがは我々の社長だ！

長山
Nǎli a！
哪里啊！
それほどでも！

胡
Qíshí a, wǒ jiù shì xiǎng wèn tā yí ge pǔtōngxíng de tóuzī wèntí de.
其实啊，我就是想问她一个普通型的投资问题的。
もっとも、僕が彼女に聞きたかった質問も一般的な投資の問題を突くものだったけど。

張
Nǐ déle ba！
你得了吧！
もういいよ！

Nǐ zhēn dǒng jiǎ dǒng a？
你真懂假懂啊？
きみ、本当に意味わかってるの？

ナレーション 长山总算保全了自己的面子。而且，公司好像也招聘了优秀的人才。
長山はかろうじて自分のメンツを保った。
そして、会社にとっても良い人材が見つかったようだ。

ところで、ユビキタスって何？

主な語句

yōuzhì 优质 優れた品質
bùrěn 不忍 耐えられない、忍びない
búkuì 不愧 〜に恥じない、さすが〜だけのことはある
yōudiǎn 优点 長所
bìngqiě 并且 しかも
gāomíng 高明 優れている

田中直樹、会話に挑戦します！

会社に、中国人の新入社員が入ってきたんですよ。
中国語で話しかけてみようと思います。
お昼の社員食堂で、共通の趣味を見つけてみます。
「～できますか？」の表現を使いますよ！

田中　Nǐ hǎo. Kěyǐ zuò ma?
　　　你好。可以坐吗？
　　　こんにちは。座ってもいいですか？

段　　Qǐng zuò.
　　　请坐。
　　　どうぞ。

田中　Xièxie. Wǒ jiào Tiánzhōng Zhíshù.
　　　谢谢。我叫田中直树。
　　　ありがとう。私は田中直樹といいます。

　　　Qǐng duō guānzhào.
　　　请多关照。
　　　よろしくお願いします。

段　　Qǐng duō guānzhào.
　　　请多关照。
　　　よろしくお願いします。

田中　Nǐ huì dǎ wǎngqiú ma?
　　　你会打网球吗？
　　　あなたはテニスができますか？

段　　Wǒ bú huì dǎ wǎngqiú.
　　　我不会打网球。
　　　私はテニスができません。

田中　Nǐ huì dǎ gāo'ěrfūqiú ma?
　　　你会打高尔夫球吗？
　　　あなたはゴルフができますか？

段　　Wǒ yě bú huì.
　　　我也不会。
　　　それもできません。

田中　Nǐ huì zuò cài ma?
　　　你会做菜吗？
　　　あなたは料理を作ることができますか？

田中　Huì.
　　　会。
　　　できます。

（吹き出し）"会一点儿" と言うとよいですね。

（吹き出し）この課で習った、いちばん大事な言葉を忘れてましたね！ 反省！

请坐。
Qǐng zuò.
どうぞ。

可以坐吗？
Kěyǐ zuò ma?
座ってもいいですか

段文凝

段　　Zhēn de? Hǎo lìhai! Nǐ huì zuò cài.
　　　真的？好厉害！你会做菜。
　　　本当？ すごいですね！ 料理できるなんて。

田中　Yìdiǎnr.
　　　一点儿。
　　　少し。

段　　Nǐ huì hē jiǔ ma?
　　　你会喝酒吗？
　　　あなたはお酒を飲めますか？

田中　Zhèige wǒ huì.
　　　这个我会。
　　　それはできます。

段　　Nǐ néng hē duōshao?
　　　你能喝多少？
　　　あなたはどれくらい飲めますか？

田中　Wǒ néng hē zhèige.
　　　我能喝这个。
　　　（指を2本立てて）これくらい飲めます。

段　　Liǎng bēi?
　　　两杯？
　　　2杯？

田中　Bú duì, hē liǎng píng.
　　　不对，喝两瓶。
　　　違います。2本飲みます。

田中　2本!? 2本飲むってことですか!?

段　　Nǐ hē shénme jiǔ?
　　　你喝什么酒？
　　　どんなお酒を飲みますか？

田中　Wǒ hē liǎng píng báijiǔ!
　　　我喝两瓶白酒。
　　　私は白酒を2本飲みます。

田中　わー！ 強いお酒飲むんですね！

我不会打网球。
Wǒ bú huì dǎ wǎngqiú.
私はテニスができません

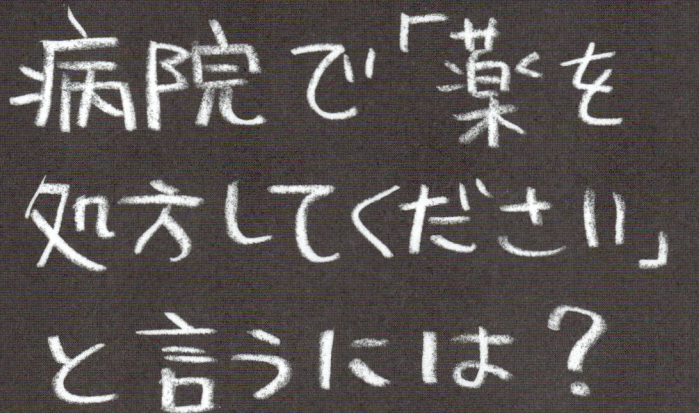

第19課 病院で「薬を処方してください」と言うには？

がんばって！長山社長 「世界でいちばん注射が嫌い！」編

ナレーション 因为新商品的各种麻烦，长山经理在身体上和精神上都变得疲惫不堪。
新商品にまつわるトラブルにより、長山社長は肉体的にも精神的にも疲れきってしまった。

長山 はっくしょん。

ナレーション 他到底还是到医院来了。
彼はついに病院に行くことにした。

長山 Wǒ dì yī cì lái kànbìng.
我第一次来看病。
病気をみてもらうのは初めてです。

受付 Bǎ zhèi zhāng zhǐ tián yíxià.
把这张纸填一下。
この紙に書いてください。

ナレーション 在中国的医院看病，首先要到挂号处挂号，第一次看病要填病历卡。费用要事先支付。
排队付款后……，去诊室。这里也要排队等候。
中国の病院で病気をみてもらうには、まず受付に申し込みに行って、最初に病状や病歴を記入する。お金は全て前払い制。
並んで支払ったあと……、診察室に行く。ここも列に並んで待たないといけない。

看護師 Xià yí wèi, Chángshān Yǒu'èr.
下一位，长山友二。
次の方、長山友二さん。

ナレーション 等待许久之后，终于轮到自己了！ 向医生说自己的病状。
長いこと待ったあと、やっと自分の番がまわってきた！ 医師に自分の病状を伝える。

医師 Nín nǎr bù shūfu?
您哪儿不舒服？
どうしましたか？

長山 Wǒ fāshāo le, sānshijiǔ dù, tóuyūn.
我发烧了，三十九度，头晕。
熱があるんです、39度。めまいもします。

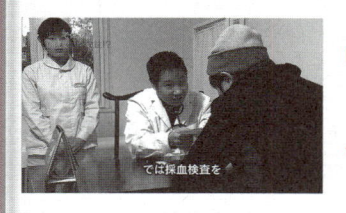

主な語句

tián 填 書き入れる	**shūfu** 舒服 気分がよい

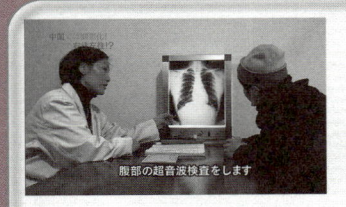

看護師 Nà xiān yàn ge xiě ba.
那先验个血吧。
ではまずは採血をしましょう。

ナレーション 还得排队。验血的费用要提前付。拿了收据以后又得去验血处排队。
また並ばなければならない。採血の料金は前払い。領収書を持って採血室に行き、また列に並ぶ。

看護師 Pāi ge piānzi ba.
拍个片子吧。
X線写真を撮ってください。

医師 Zài zuò ge fùbù B chāo ba.
再做个腹部B超吧。
腹部の超音波検査をします。

長山 Hái yào jiǎnchá!!
还要检查!!
また検査をしないといけないんですか！

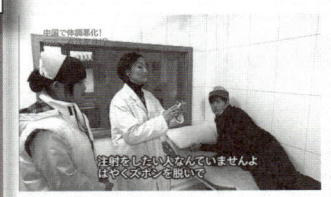

医師 Nà, jiù dǎzhēn ba！
那就打针吧！
では、注射を打ちましょう！

長山 えっ!?

医師 Dǎzhēn, gǎnkuài, tǎngxia. Kuài tǎng.
打针，赶快，躺下。快躺。
注射します、はやく、横になって。はやく横になって。

長山 Děng yíxià, wǒ bù xiǎng dǎzhēn！
等一下，我不想打针！
ちょっと待って、僕は注射はしたくありません！

Yào……, yào…….
药……，药……。
薬……、薬……。

医師 Méiyǒu rén yuànyi dǎzhēn.
没有人愿意打针。
注射をしたい人なんていませんよ。

Kuài bǎ kùzi tuōle.
快把裤子脱了。
はやくズボンを脱いで。

ナレーション 长山万分恐怖，同时后悔不迭。如果当时能这样说就好了。
長山は恐怖心と戦いながら後悔していた。もしもこう言えていたら。

薬をください。

主な語句

fāshāo	tóuyūn	yànxuě	dǎzhēn	kùzi
发烧	头晕	验血	打针	裤子
熱が出る	めまいがする	血液検査をする	注射を打つ	ズボン

今回の必須単語はコレだ！

发邮件	介绍	倒茶	不舒服	疼	开药	打针	量血压
fā yóujiàn	jièshào	dàochá	bù shūfu	téng	kāiyào	dǎzhēn	liáng xuèyā
メールを送る	紹介する	お茶を入れる	具合が悪い	痛い	薬を処方する	注射する	血圧を測る

陳淑梅の ときどき厳しい 文法講座

□「〜に…してください」「〜に…してあげる」と言う

（主語）＋"给"＋人＋動詞フレーズ

Qǐng gěi wǒ fā duǎnxìn.
请给我发短信。
わたしにショート・メールをください。

Qǐng gěi wǒ jièshào yíxià.
请给我介绍一下。
わたしにちょっと紹介してください。

Qǐng gěi wǒ kāi fāpiào.
请给我开发票。
わたしにレシートを出してください。

Qǐng gěi wǒ kāi yào.
请给我开药。
わたしに薬を処方してください。

Gěi kèrén dào chá!
给客人倒茶！
お客さまにお茶をいれて！

Wǒ xiǎng gěi kèrén xiě yì fēng xìn.
我想给客人写一封信。
わたしはお客さまに手紙を書きたいと思います。

"倒"は二つの発音があります。
①第3声の"倒"dǎoは「倒れる」。
②第4声の"倒"dàoは「逆さまにする」「（お茶を）注ぐ」です。

解説

"给"は前置詞で、「〜にしてくれる」「〜にしてあげる」と、動作行為の対象を表します。文頭に"请"を置いたり、動詞フレーズで始まったりする場合、「〜に…をしてください」という意味を表すことができます。
このほか、"给"には「あげる」「与える」という意味の動詞の使い方もあります。例えば"请给我一杯水" Qǐng gěi wǒ yì bēi shuǐ.（わたしに水を1杯ください）。

□病院で使われることばを覚える

症状

tóuténg 头疼 頭が痛い	dùzi téng 肚子疼 おなかが痛い	fāshāo 发烧 熱が出る	késou 咳嗽 せきが出る	jiān suān 肩酸 肩がこる
yáténg 牙疼 歯が痛い	yāoténg 腰疼 腰が痛い	gǎnmào 感冒 風邪をひく	lā dùzi 拉肚子 下痢をする	húnshēn téng 浑身疼 全身が痛い
sǎngzi téng 嗓子疼 のどが痛い	bù shūfu 不舒服 具合が悪い	liú bítì 流鼻涕 鼻水が出る	tóuyūn 头晕 めまいがする	ě xīn 恶心 吐き気を催す

診察で使ういろいろな表現

liáng xuèyā 量血压 血圧をはかる	dǎzhēn 打针 注射を打つ	hàomài 号脉 脈を取る
liáng tǐwēn 量体温 体温をはかる	kāi yào 开药 薬を処方する	zuò xīndiàntú 做心电图 心電図をとる

解説

病院で症状を訴えるときに、よく"有点儿〜疼"（ちょっと〜が痛い）と言います。"有点儿"は副詞で「ちょっと」「少し」という意味。不本意な気分を表すことが多く、後ろにしばしばマイナスの意味のことばを伴います。

ドリルに挑戦してみましょう。

前のページで学習したことや「ヒントのカード」を参考に、①〜⑧の（　）を埋め、中国語を完成させましょう。（答えはページの下にあります）。

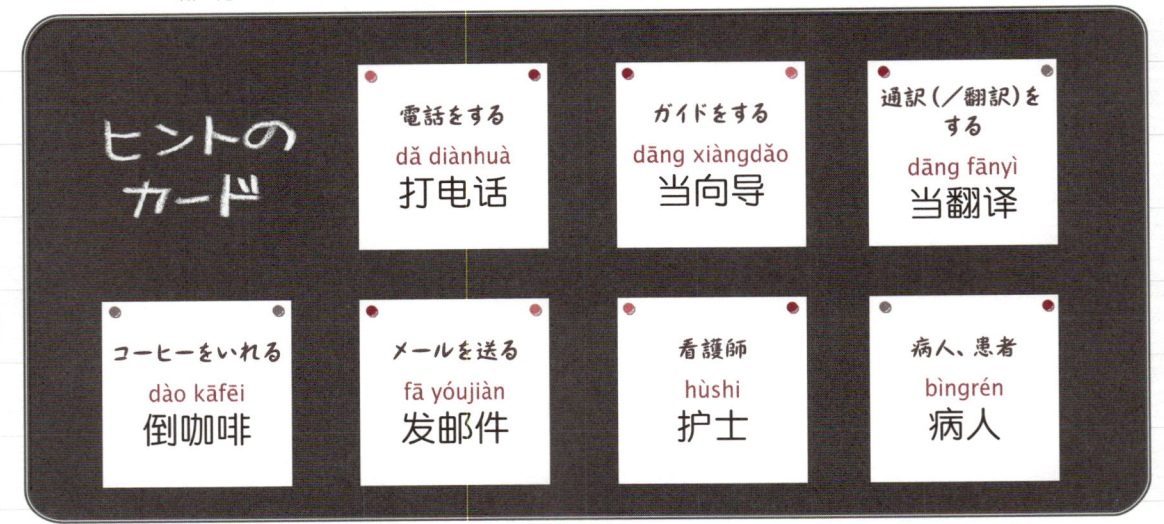

ヒントのカード

電話をする	ガイドをする	通訳（／翻訳）をする
dǎ diànhuà 打电话	dāng xiàngdǎo 当向导	dāng fānyì 当翻译

コーヒーをいれる	メールを送る	看護師	病人、患者
dào kāfēi 倒咖啡	fā yóujiàn 发邮件	hùshi 护士	bìngrén 病人

①わたしに電話をください。

请给我（　　　）电话。

②わたしがガイドをしてあげます。

我（　　　）您当向导。

③わたしに通訳してください。

请给我（　　　）。

"请给我"は人に何か頼むときには、必須ですね。①が言えなかったら、ずっと電話がかかってこないですからね。

④お客さまにコーヒーをいれて！

给客人（　　　）咖啡！

⑤看護師さんが患者さんに注射をする。

（　　　）给病人打针。

⑥わたしにメールをください。

请给我（　　　）邮件。

⑦風邪をひきました、ちょっと頭が痛いです。

我感冒了，有点儿（　　　）疼。

⑧ちょっと咳が出ます。

我（　　　）咳嗽。

答え
①打　②给　③当翻译　④倒　⑤护士
⑥发　⑦头　⑧有点儿

よかったね！長山社長

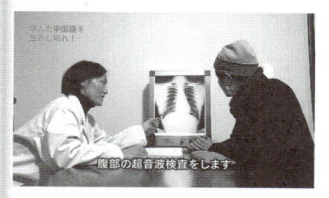

医師
Zài zuò ge fùbù B chāo ba.
再做个腹部B超吧。
腹部の超音波検査をします。

長山
Zěnme hái yào jiǎnchá a!!
怎么还要检查啊!!
どうしてまた検査をしないといけないんですか！

医師
Nà jiù dǎzhēn ba!
那就打针吧！
では、注射を打ちましょう！

長山
Děng yíxià, wǒ bù xiǎng dǎzhēn! Qǐng gěi wǒ kāi yào!
等一下，我不想打针！请给我开药！
ちょっと待って、僕は注射はしたくありません！薬を処方してください！

医師
Shénme?
什么？
なんですって？

長山
Wǒ pà dǎzhēn! Qǐng gěi wǒ kāi yào.
我怕打针！请给我开药。
注射は苦手なんです。薬を処方してください。

Búyào kāi zhōngyào, qǐng gěi wǒ kāi xīyào.
不要开中药，请给我开西药。
漢方薬ではなくて、西洋の薬を処方してください。

Yīnwèi yǒu gōngzuò, wǒ xiǎng kuài diǎnr tuìshāo.
因为有工作，我想快点儿退烧。
仕事があるので、はやく熱を抑えたいんです。

医師
Shì zhèyàng a……, nà jiù suàn le.
是这样啊……，那就算了。
そう……、じゃあやめましょう。

Kě dǎzhēn hǎode gèng kuài a.
可打针好得更快啊。
注射のほうがはやく効くのに。

長山
Háiyǒu, wǒ yǒudiǎnr lā dùzi, qǐng gěi wǒ kāi diǎnr zhì fùxiè de yào.
还有，我有点儿拉肚子，请给我开点儿治腹泻的药。
それから、ちょっと下痢気味なので、下痢止めの薬もください。

医師
Zhèige bìngrén de shìr kě zhēn bù shǎo a.
这个病人的事儿可真不少啊。
要求の多い病人だねえ。

受付で。

長山
Qǐng gěi wǒ fāpiào.
请给我发票。
レシートを出してください。

ナレーション
长山在医院里不停地问东问西，四处奔走，不知不觉地，病竟然也好了。
長山は病院であれこれ聞きながら、走り回っていた。いつの間にか、なんと病も癒えていた。

第19課

主な語句

kāi yào	xīyào	fùxiè
开药	西药	腹泻
薬を処方する	西洋の薬	下痢

zhōngyào	lā dùzi	fāpiào
中药	拉肚子	发票
漢方薬	おなかをくだす	領収書

田中直樹、会話に挑戦します！

出張中の中国で急に体調を崩してしまいました！
ホテルのフロントで病状を訴えて、急場をしのぎます。
病状を伝える言葉で、深刻さをアピールしますっ！

阿部　Tiánzhōng, nǐ méi shì ma?
　　　田中，你没事吗？
　　　田中さん、大丈夫ですか？

段　　Zhèi wèi xiānsheng, nín shēntǐ nǎr bù shūfu?
　　　这位先生，您身体哪儿不舒服？
　　　お客さま、どこか悪いのですか？

田中　Wǒ yǒudiǎnr dùzi téng.
　　　我有点儿肚子疼。
　　　私は少しおなかが痛いです。

段　　Cèsuǒ zài nèibiānr.
　　　厕所在那边儿。
　　　トイレはあちらです。

田中　そういうことじゃないんです。
　　　頭も痛くなってきました。
　　　Wǒ yǒudiǎnr tóuténg.
　　　我有点儿头疼。
　　　私は少し頭が痛いです。

段　　Nín méi shìr ba?
　　　您没事儿吧？
　　　大丈夫ですか？

田中　Qǐng gěi wǒ jièshào yīyuàn.
　　　请给我介绍医院。
　　　私に病院を紹介してください。

段　　Nǐ yào qù yīyuàn?
　　　你要去医院？
　　　病院に行きたいんですね。

　　　Nín hái nǎr bù shūfu a?
　　　您还哪儿不舒服啊？
　　　他に悪い所はありませんか？

田中　Wǒ yǒudiǎnr sǎngzi téng.
　　　我有点儿嗓子疼。
　　　私は少しのどが痛いです。

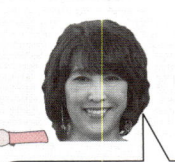

> "没事"と"没事儿"は同じ意味です。
> "没事儿"は北方方言でよく使われます

我 有点儿 头疼。
Wǒ yǒudiǎnr tóuténg.
私は少し頭が痛いです

段　　Tài yánzhòng le.
　　　太严重了。
　　　それは大変。

田中　Qǐng gěi yīyuàn dǎ diànhuà.
　　　请给医院打电话。
　　　病院に電話してください。

段　　Shāo děng yíxià, wǒ zhīdao le.
　　　稍等一下，我知道了。
　　　わかりました、ちょっと待ってください。

（病院に電話をかけて）

　　　Wéi, yīyuàn ma?
　　　喂，医院吗？
　　　もしもし、病院ですか？

（田中に向かって）

　　　Yīyuàn shuō ràng wǒ mǎshàng dài nǐ guòqu.
　　　医院说让我马上带你过去。
　　　すぐに連れてくるように言っています。

　　　Shuō nèibiān yǒu hǎo duō zhēn děngzhe nǐ dǎ.
　　　说那边有好多针等着你打。
　　　注射がたくさんあるそうです、早く行きましょう

阿部　いっぱい注射があまるほどあるんで、
　　　たくさん打ってくれるそうです。

田中　Qǐng gěi wǒ kāi yào.
　　　请给我开药。
　　　私に薬を処方してください。

段　　Nà zán xiànzài qù yīyuàn ba.
　　　那咱现在去医院吧。
　　　じゃあ病院に行きましょう。

田中　注射は嫌なんです。

それは大変！

第20課 「ゴルフをしたことがあります」と経験を伝えるには？

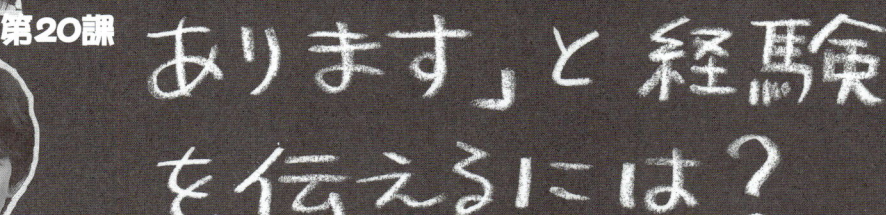

がんばって！長山社長 「その男うますぎにつき」編

ナレーション 这一天，长山经理和将来可能合作的销售商负责人一起来到一家球场打高尔夫。其实，长山经理在学生时代就参加过学校的高尔夫球俱乐部。现在他的水平仍然很高。
この日、長山社長は将来提携できそうな取り引き先の責任者とともにゴルフ場にやってきた。実は長山社長は学生時代、ゴルフ部に所属。今もレベルは依然として高い。

長山、段 Á hǎoqiú……
啊，好球……
あ、ナイスショー……

……と思ったら、ボールが残っていて思わず顔を見合わせる長山と段。

ナレーション 在水平不高的客户面前，该怎么打才好呢……。
レベルが高くない客の前で、どれだけ実力を発揮して良いものか……。

段 長山さん、Jiāyóu！
加油！
がんばって！

劉 Yě ràng wǒ jiànshijianshi Chángshān xiānsheng de shuǐpíng ma.
也让我见识见识长山先生的水平嘛。
長山さんのレベルを見せてもらいますよ。

長山 あ！
ボールはバンカーへ。

段 Nǐ zěnme zhème bèn a！Wǎng qián dǎ！
你怎么这么笨啊！往前打！
だめじゃない！ 前に打って！

長山 Bù hǎoyìsi, wǒ shì dì yī cì dǎ gāo'ěrfūqiú…….
不好意思，我是第一次打高尔夫球……。
お恥ずかしい、ゴルフは初めてで……。

劉 Méi guānxi méi guānxi. Shéi dì yī cì dǎ gāo'ěrfūqiú dōu huì zhèyàng de ma.
没关系没关系。谁第一次打高尔夫球都会这样的嘛。
気にすることはありません。誰でも初めてゴルフをするときはそんなものですよ。

長山 新商品の取り引き先になってもらえるかどうか、この接待にかかってるからな。喜んでもらわないと！

主な語句

hǎoqiú	shuǐpíng	bèn
好球	水平	笨
ナイスショット	レベル	不器用である

長山　**Hǎoqiú ——！**
好球——！
ナイスショート！

Āiyā, kěxī a！ Hěn yǒu lìliang!! Hěn yǒu lìliang!!
哎呀，可惜啊！ 很有力量!! 很有力量!!
ああ、惜しい！　パワフルですね！　パワフルですね！

劉　**Bùxíng bùxíng！**
不行不行！
ダメダメ！

ナレーション　目前为止，进展顺利。
いまのところ接待は上々だ。
可能是长山经理太有经验的原因吧，碰上了难打的球反倒想把它打好，这连他自己也控制不住了。
しかし、長山社長は経験者のせいか、難しいショットを前にすると、思わず力が入ってしまう。
そんな自分自身をコントロールできなかった。

段　**Tài lìhai le！** 長山さん！
太厉害了！
すごい！

長山　し、しまった！

Ā……, wāi dǎ zhèng zháo.
啊……，歪打正着。
あ……、まぐれ当たりです。

Zhème qiǎo a！ Tài jīngyà le！
这么巧啊！ 太惊讶了！
こんなにうまくいくなんて！　驚いたな！

劉　**Nín shuō huǎng qīpiàn le wǒ, shì ba？**
您说谎欺骗了我，是吧？
あなた、わたしにうそをつきましたね。そうでしょう。

Nín bú shì shuō nǐ dì yī cì dǎ gāo'ěrfūqiú ma？
您不是说你第一次打高尔夫球吗？
ゴルフは初めてだと言いませんでしたか？

長山　**Nà shì…….**
那是……。
それは……。

劉　**Wǒ zuò shēngyi de xìntiáo jiù shì "jué bù shuōhuǎng".**
我做生意的信条就是"绝不说谎"。
わたしの商売の信条は「うそをつかない」。

Chángshān xiānsheng, wǒ yǐwéi nǐ shì ge chéngshí de rén ne.
长山先生，我以为你是个诚实的人呢。
長山さん、あなたは正直な人だと思っていました。

長山　**Děng、děng yíxià！ Liú zhǔrèn！**
等、等一下！ 刘主任！
待って、ちょっと待ってください！　劉主任！

ナレーション　"实话实说就好了……"。可现在后悔也来不及了。会用汉语说这么一句该多好啊。
「本当のことを言えばよかった……」。深く後悔したが取り返しがつかない。せめて、中国語でちゃんとこう言えたら……。

わたしはゴルフをやったことがあるんです。

主な語句

wāi
歪
曲がっている

jīngyà
惊讶
あっと驚く、一瞬わが目を疑う

shēngyi
生意
ビジネス、取り引き

今回の必須単語はコレだ！

美国	看京剧	马拉松	滑雪	乒乓球	跳舞	次
Měiguó	kàn jīngjù	mǎlāsōng	huáxuě	pīngpāngqiú	tiàowǔ	cì
アメリカ	京劇を見る	マラソン	スキーをする	卓球	ダンスをする	〜回

陳淑梅のときどき厳しい文法講座

□経験を言う

主語＋動詞＋"过"（＋目的語）

Wǒ pǎoguo mǎlāsōng.
我跑过马拉松。
わたしはマラソンをしたことがあります。

Wǒ dǎguo gāo'ěrfūqiú.
我打过高尔夫球。
わたしはゴルフをしたことがあります。

Tā xuéguo Hànyǔ.
他学过汉语。
彼は中国語を勉強したことがあります。

Nǐ qùguo Zhōngguó ma?
你去过中国吗？ ——
あなたは中国に行ったことがありますか？

Wǒ méi(yǒu) qùguo Zhōngguó.
我没（有）去过中国。
わたしは中国に行ったことがありません。

Nǐ qùguo jǐ cì Zhōngguó?
你去过几次中国？ ——
あなたは何回中国に行ったことがありますか？
（「1回、2回」の「回」は中国語では"次"と言います）

Wǒ qùguo liǎng cì Zhōngguó.
我去过两次中国。
わたしは2回中国に行ったことがあります。

> 回数を表す言葉は、動詞の後に置きましょう。

●疑問文のいろいろな形

あなたは中国に行ったことがありますか？	Nǐ qùguo Zhōngguó ma? 你去过中国吗？	Nǐ qù méi qùguo Zhōngguó? 你去没去过中国？	Nǐ qùguo Zhōngguó méiyǒu? 你去过中国没有？

解説

"过"は助詞で、動詞の後ろに置き、「〜したことがある」と過去に経験したことがあることを表します。否定文は動詞の前に"没(有)"を置き、"过"はそのまま残します。反復疑問文は、「V没V过〜？」と「V过〜没有？」（V＝動詞）などの言い方ができます。

□いろいろなスポーツを言う

dǎ lánqiú 打篮球 バスケットボールをする	dǎ páiqiú 打排球 バレーボールをする	tī zúqiú 踢足球 サッカーをする	liàn yújiā 练瑜伽 ヨガを練習する
dǎ wǎngqiú 打网球 テニスをする	dǎ bàngqiú 打棒球 野球をする	huábīng 滑冰 スケートをする	liàn huāyàng yóuyǒng 练花样游泳 シンクロナイズドスイミングを練習する
dǎ yǔmáoqiú 打羽毛球 バドミントンをする	dǎ pīngpāngqiú 打乒乓球 卓球をする	huáxuě 滑雪 スキーをする	liàn huāyàng huábīng 练花样滑冰 フィギュアスケートをする

解説

それぞれ、結びつく動詞とセットで覚えましょう。"练"は「練習する」という意味です。

第20課

ドリルに挑戦してみましょう。

前のページで学習したことや「ヒントのカード」を参考に、①〜⑧の（　）を埋め、中国語を完成させましょう。(答えはページの下にあります)。

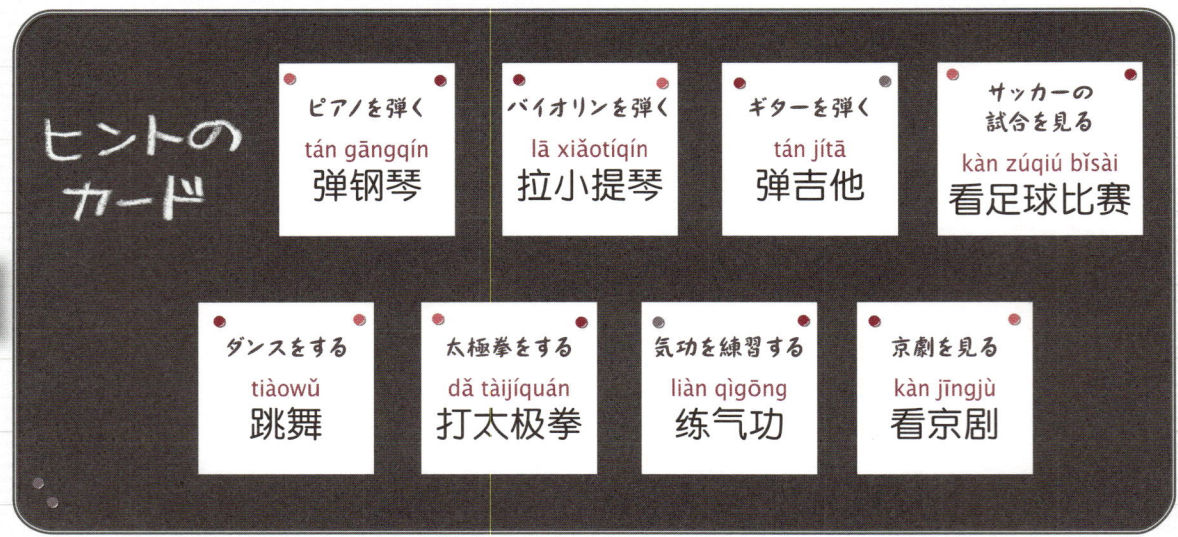

ヒントのカード

ピアノを弾く	バイオリンを弾く	ギターを弾く	サッカーの試合を見る
tán gāngqín 弹钢琴	lā xiǎotíqín 拉小提琴	tán jítā 弹吉他	kàn zúqiú bǐsài 看足球比赛

ダンスをする	太極拳をする	気功を練習する	京劇を見る
tiàowǔ 跳舞	dǎ tàijíquán 打太极拳	liàn qìgōng 练气功	kàn jīngjù 看京剧

第20課

① わたしは気功をやったことがあります。

我练（　　　）气功。

② あなたはピアノを弾いたことがありますか？

你（　　　）过钢琴吗？

③ わたしはバイオリンを弾いたことがありません。

我（　　　）拉过小提琴。

④ あなたはダンスをしたことがありますか？

你跳过舞（　　　）？

⑤ わたしは太極拳をしたことがあります。

我（　　　）过太极拳。

⑥ あなたはサッカーの試合を見たことがありますか？

你看过（　　　）比赛吗？

⑦ わたしはギターを弾いたことがありません。

我没弹过（　　　）。

⑧ わたしは1回京劇を見たことがあります。

我看过（　　　）京剧。

> 僕は、3打席連続でキャッチャーフライを打ったことがあります。

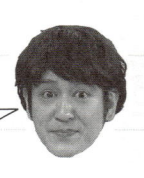

答え
①过　②弹　③没または没有　④吗または没有
⑤打　⑥足球　⑦吉他　⑧一次

よかったね！長山社長

劉: Wǒ zuò shēngyi de xìntiáo jiù shì "jué bù shuōhuǎng".
我做生意的信条就是"绝不说谎"。
わたしの商売の信条は「うそをつかない」。

Chángshān xiānsheng, wǒ yǐwéi nǐ shì ge chéngshí de rén ne.
长山先生，我以为你是个诚实的人呢。
長山さん、あなたは正直な人だと思っていました。

長山: Liú zhǔrèn, děng yíxià!
刘主任，等一下！
劉主任、ちょっと待ってください！

Wǒ dǎguo gāo'ěrfūqiú.
我打过高尔夫球。
わたしはゴルフをしたことがあります。

劉: ……。

長山: Wǒ hái dǎguo yì gǎn jìn dòng.
我还打过一杆进洞。
わたしはホールインワンを決めたこともあります。

Háiyǒu, wǒ hái zài gāo'ěrfūqiú yèyú bǐsàizhōng déguo guànjūn.
还有，我还在高尔夫球业余比赛中得过冠军。
それに、わたしはアマチュアゴルフ大会で優勝したこともあります。

長山: Wǒ méiyǒu gàosu nín zhèixiē,
我没有告诉您这些，
それを言わなかったのは、

shì xīwàng nín jīntiān wánrde kāixīn.
是希望您今天玩儿得开心。
ただ、劉主任に今日一日を楽しく過ごしていただきたかったからです。

劉: ……。

Hāhā!
哈哈！
はっはっは！

Shéi dōu shuōguo huǎng.
谁都说过谎。
誰でもうそはついたことがある。

Lái, zánmen jìxù!
来，咱们继续！
さあ、続けよう！

Nǐ dǎde zhème hǎo, jiāojiao wǒ!
你打得这么好，教教我！
こんなにうまいんなら教えてもらいたい！

ナレーション: 对真挚诚恳的长山经理，刘主任非常满意。热热先生闪亮登场的舞台，已经准备就绪了！
まじめで誠実な長山社長に対し、劉主任はとても満足した。「熱熱先生」デビューの舞台はすでに整ったのだ！

> この"呢"の部分が、DVDには"啊"と収録されてしまいました。"啊"では意味が通じません。p134にも同じ箇所が出てきています。"呢"についてはp111を参照してください。

主な語句

yì gǎn jìngdòng	yèyú	guànjūn	kāixīn
一杆进洞	业余	冠军	开心
ホールインワン	アマチュアの	優勝	愉快である、楽しい

田中直樹、会話に挑戦します！

会社の運動会の出場種目は、調整が大変なんですよね。人事部の段さんが割り振りに困っているようなので、社員の経歴を考えながら、お手伝いをします。「〜したことがある」「〜できる」の表現を使ってみせますよ！

田中 Nǐ hǎo.
你好。
こんにちは。

段 Nǐ hǎo, nǐmen hǎo.
你好，你们好。
こんにちは。

田中 Nǐ zěnme le?
你怎么了？
どうしましたか？

段 Hái shèngxia zhè sān ge rén.
还剩下这三个人。
この3人が残ってるんですが、

Bù zhīdào ràng tāmen cānjiā shénme xiàngmù hǎo.
不知道让他们参加什么项目好。
どの種目に参加してもらうか

Yìzhí dìng bu xiàlái.
一直定不下来。
決めかねてるんです。

田中 Tā dǎguo pīngpāngqiú ma?
他打过乒乓球吗？
彼は卓球をしたことがありますか？

段 Tā dǎguo pīngpāngqiú.
他打过乒乓球。
彼は卓球をしたことがあります。

Yīnwèi pīngpāngqiú shì hěn yǒu rénqì de yùndòng,
因为乒乓球是很有人气的运动，
卓球は人気が高いスポーツなので、

yǐjīng dìngyuán dōu mǎn le.
已经定员都满了。
もう定員オーバーなんです。

田中 Tā cānjiā mǎlāsōng, hǎo ma?
他参加马拉松，好吗？
彼はマラソンに参加する、どう？

"已经"は副詞で、普通は動詞の前に置きます。正しくは"定员已经都满了。"です。

你滑过冰。 太好了！
Nǐ huáguo bīng. Tài hǎo le!
スケートをしたことがあるんですね よかった！

段 Hǎo ba, nà jiù zhèyàng ba.
好吧，那就这样吧。
いいね、そうしましょう。

（李さんの経歴を見て）

田中 Tā tiàoguo wǔ ma?
她跳过舞吗？
彼女はダンスをしたことがありますか？

段 Tā tiàoguo wǔ. Hǎoxiàng hái tiàoguo liǎng nián.
她跳过舞。好像还跳过两年。
彼女はダンスをしたことがあります。
2年間の経験があるみたいですよ。

田中 じゃあ李さん、ダンスにしましょう。

段 Duì le, Tiánzhōng xiānsheng, nǐ huì huábīng ma?
对了，田中先生，你会滑冰吗？
そうだ、田中さん。スケートができますか？

田中 Wǒ huáguo bīng.
我滑过冰。
スケートをしたことがあります。

段 Nǐ huáguo bīng? Tài hǎo le!
你滑过冰？太好了。
スケートをしたことがあるんですね？よかった！

Zhāng jīnglǐ huì huábīng, ránhòu tā bú huì qítā de.
张经理会滑冰，然后他不会其他的。
張社長はスケートができますが、ほかのスポーツができません。

Yìzhí zhǎobudào rén gēn tā yìqǐ huábīng.
一直找不到人跟他一起滑冰。
でも社長と一緒に滑る人が、ずっと見つからなかったんです。

Rúguǒ nín huì huábīng de huà,
如果您会滑冰的话，
もしスケートができるのなら、

Nín gēn Zhāng jīnglǐ, liǎng ge rén yìqǐ huábīng, yìdiǎn dōu bù nán.
您跟张经理，两个人一起滑冰，一点都不难。
社長と一緒に滑ってくれませんか？難しくないです。

Nín gēn Zhāng jīnglǐ yìqǐ, huāyàng huábīng.
您跟张经理一起，花样滑冰
あなたと張社長でフィギュアスケートを…

田中 できるわけないでしょう！

第21課

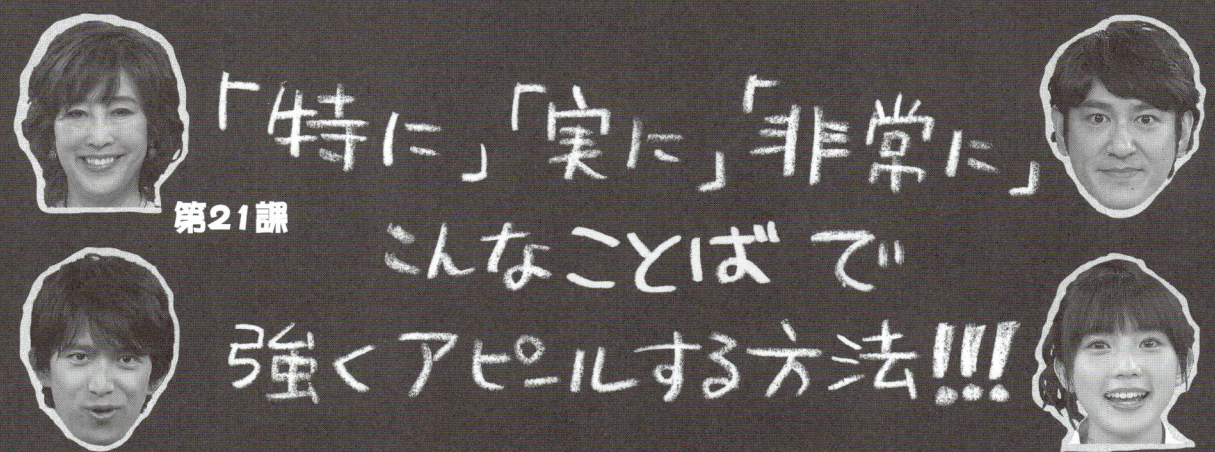

「特に」「実に」「非常に」こんなことばで強くアピールする方法!!!

がんばって！長山社長 —「すごいよ熱熱先生」編

ナレーション 经过种种困难和劳苦，新商品"热热先生"终于迎来上了市的日子。
当然，新商品的上市少不了促销活动，"买一送一"就是购买一件再赠送一件的意思。

艱難辛苦を乗り越え、新商品「熱熱先生」がいよいよ市場に並ぶ日を迎えた！
当然、新商品の売り出しに販促活動は欠かせない。"买一送一"は、「一つ買えば一つプレゼント」という意味。

売り場を設営する一同のところに、チャイナドレスで現れた段。

段 長山さん、Zěnmeyàng?
怎么样？
どうですか？

長山 Ō! Shì "Rèrè xiǎojiě" a!
噢！是"热热小姐"啊！
おお、「熱熱ガール」だ！

ナレーション 推销小姐也是不可缺少的。为了节省开支，推销小姐就由小段来担任。
キャンペーンガールも重要だ。経費節減のため（秘書の）段が担当することに。

客 Zhè shì Rìběn de chǎnpǐn a?
这是日本的产品啊？
これは日本の製品？

段 Duì.
对。
はい。

Tā jiào "Rèrè xiānsheng",
它叫"热热先生"，
「熱々先生」といって、

shì biàn xiéshì héfàn zhìzàojī.
是便携式盒饭制造机。
肩掛け携帯式弁当製造機です。

Suíshí suídì néng wèi nín zuòchū rètēngtēng de fàncài!
随时随地能为您做出热腾腾的饭菜！
いつでもどこでも、炊きたてのごはんが食べられます！

主な語句

suíshí suídì	rètēngtēng	fàncài
随时随地	热腾腾	饭菜
いつでもどこでも	湯気がたつほど熱そうな様子	ご飯とおかず

第21課

突然光りだす「熱熱先生」に、驚くお客。

客: Zhè, zhè shì shénme dōngxi a !?
这、这是什么东西啊！？
こ、これはなんだ!?

長山: Méi wèntí, méi wèntí.
没问题，没问题。
大丈夫ですよ、大丈夫。

客: Wā !
哇！
ひゃーっ！

逃げ出すお客を、長山が追いかける。困惑の表情の社員たち。

鄧: Zhè kě bùchéng a,
这可不成啊，
こんなんじゃ成功しないわ、

děi ràng gùkè qīnzì chángyichang cái xíng.
得让顾客亲自尝一尝才行。
お客さん自ら味わってもらわないとダメね。

胡: Shì a,
是啊，
そうだ、

děi jiādà xuānchuán lìdù a……。
得加大宣传力度啊……。
もっとアピールしなきゃなあ……。

鄧: Jiù shì a !
就是啊！
そうよ！

張: Zhè jiǎnzhí jiù shì zài xiàhu gùkè ma.
这简直就是在吓唬顾客嘛。
あれじゃまるで、怖がらせているようなもんだ。

ナレーション: 长山经理一边追一边想。
長山社長は逃げるお客を追いかけながら、感じていた。

このおいしさをもっと強調したい！

主な語句

qīnzì	cháng	xuānchuán	xiàhu
亲自	尝	宣传	吓唬
自分で、自ら	味わう	宣伝する	おどかす

今回の必須単語はコレだ！

酸	甜	苦	辣	咸	高兴	可爱
suān	tián	kǔ	là	xián	gāoxìng	kě'ài
酸っぱい	甘い	苦い	辛い	塩辛い	うれしい	かわいい

陳淑梅の ときどき厳しい 文法講座

□ 程度を表す副詞を使う

hěn 很 とても、たいへん （程度がかなり高い）	Jiàndào nǐ, hěn gāoxìng. 见到你，很高兴。 あなたにお会いできてとてもうれしいです。 Wèntí hěn yánzhòng. 问题很严重。 問題はとても深刻です。	「お会いできてうれしい」は Rènshi nǐ, hěn gāoxìng. 认识你，很高兴。 とも言います。"认识"は「知り合う」という意味です。
fēicháng 非常 非常に （"很"よりも程度が高いニュアンス）	Yòngfǎ fēicháng jiǎndān. 用法非常简单。 使い方は非常に簡単です。 Tā de fāyán fēicháng jīngcǎi. 他的发言非常精彩。 彼の発言は非常にすばらしい。	
tǐng 挺 けっこう、なかなか	Tā xìnggé tǐng hǎo de. 她性格挺好的。 彼女の性格はなかなかいい。 Zhèi tái diànnǎo tǐng hǎoyòng de. 这台电脑挺好用的。 このパソコンはなかなか使いやすい。	"很"より程度が低く、話し手の主観的な気持ちをこめて言うときに使われる。話しことば。"挺〜的"の形で使われることが多い。
zhēn 真 本当に、実に	Nín zhēn liǎobuqǐ! 您真了不起！ あなたは本当にすばらしい！ Ā, zhēn kù! 啊，真酷！ ああ、本当に格好いい！	話し手の気持ちを表す副詞。感嘆文に使われる。普通の説明描写文や、連用修飾語の中では使えない。 例："×他是真责任心真强的人。"
tài 〜 le 太〜了 あまりにも〜すぎる	Tài yǒu yìsi le! 太有意思了！ おもしろすぎる！	多くの場合感嘆文に使われる。否定文は"不太〜"（あまり〜ない）という形を使う。
tèbié 特别 特に、とりわけ	Jiāotōng tèbié fāngbiàn. 交通特别方便。 交通が特に便利です。 Tā zuòshì tèbié rènzhēn. 他做事特别认真。 彼の仕事ぶりは特にまじめです。	
yǒudiǎnr 有点儿 少し	Zhèige tāng yǒudiǎnr xián. 这个汤有点儿咸。 このスープは少し塩辛い。 Tīngqǐlai yǒudiǎnr bièniu. 听起来有点儿别扭。 聞いていて少しぎこちない感じがする。	不本意な気分を表すことが多い。

ドリルに挑戦してみましょう。

前のページで学習したことや「ヒントのカード」を参考に、①〜⑧の（　）を埋め、中国語を完成させましょう。（答えはページの下にあります）。

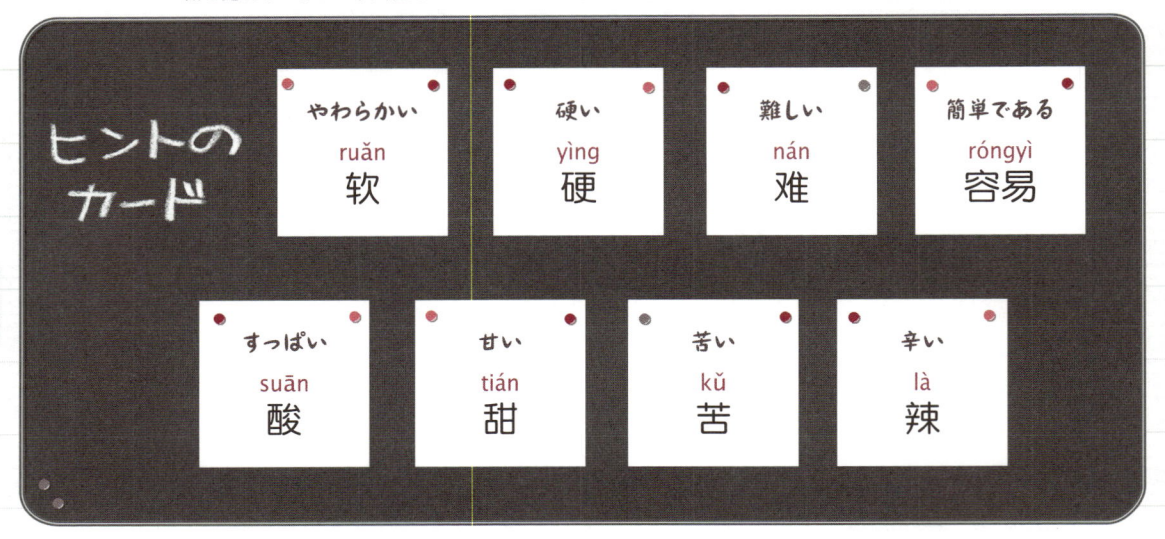

ヒントのカード

| やわらかい ruǎn 软 | 硬い yìng 硬 | 難しい nán 难 | 簡単である róngyì 容易 |
| すっぱい suān 酸 | 甘い tián 甜 | 苦い kǔ 苦 | 辛い là 辣 |

第21課

①このベッドはとてもやわらかい。

这张床很（　　　）。

②この枕は本当に硬い！

这枕头（　　　）硬！

③中国語の発音は非常に難しい。

汉语的发音非常（　　　）。

④今回のテストはけっこう簡単だ。

这次考试（　　　）容易的。

⑤ちょっと頭が痛い。

（　　　）头痛。

⑥このアメは特に甘い。

这块糖特别（　　　）。

⑦漢方薬はとても苦い。

中药（　　　）苦。

⑧この料理は辛すぎます。

这个菜（　　　）辣了！

> 僕は、副詞をいろいろ教わった中で、"真"がいちばん好きです。「めっちゃ」とか「ほんまに」の感じですかね。

答え
①软　②真　③难　④挺　⑤有点儿
⑥甜　⑦很　⑧太

よかったね！長山社長

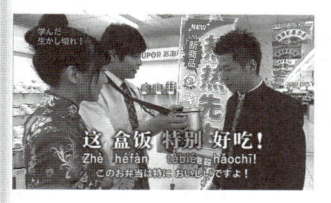

長山: Zhè héfàn tèbié hǎochī! Fàncài dōu shì rè de!
这盒饭特别好吃！饭菜都是热的！
このお弁当は特においしいですよ！ご飯もおかずも熱々です！

客: Nà, nà wǒ chángchang.
那，那我尝尝。
じゃあ、ちょっと食べてみようかな。

長山: Nín qǐng!
您请！
どうぞ！

客: Zhēn hǎochī!
真好吃！
本当においしい！

長山: Běnchǎnpǐn biànyú xiédài, kěyǐ līnzài shǒushang, yě kěyǐ kuàzài jiānshang.
本产品便于携带，可以拎在手上，也可以挎在肩上。
本製品は持ち運びも簡単、手に持ってよし、肩に掛けてもよし。

客: Wā! Hǎo qīng a! Zhè dōngxi kě zhēn búcuò! Wǒ mǎi yì tái!
哇！好轻啊！这东西可真不错！我买一台！
わあ！すごく軽い！こりゃあ本当にいいや！一つ買おう！

段: Xièxie nín! Xiànzài cùxiāo, mǎi yī sòng yī, wǒmen zài sòng nín yì tái!
谢谢您！现在促销，买一送一，我们再送您一台！
ありがとうございます！今キャンペーンで、"买一送一"、もう一つプレゼント！

客: Tài hǎo le! Huíqù wǒ xiàng tóngshìmen yě tuījiantuijian!
太好了！回去我向同事们也推荐推荐！
うれしいね！職場の同僚たちにも勧めるよ！

ナレーション: 第一台卖出去了，真是值得纪念的时刻!
1台目が売れた、記念すべき瞬間であった！

ナレーション: 随后，热热先生的卖场就盛况空前了!
それから、「熱熱先生」の売り場はますます活況を呈した

胡: A? Nèige rén hǎoxiàng zài nǎr jiànguo.
啊？那个人好像在哪儿见过。
あれ？あの人どこかで見たことあるな。

長山: Nín, nín shì nèige……
您，您是那个……。
あ、あなたはあのときの……。

胡: Jiǔwéi le!
久违了！
ご無沙汰しています！

胡: Wǒ xiǎngqilai le! Zhèige rén shì……
我想起来了！这个人是……。
思い出した！この人は……。

張: Yōngyǒu yíwàn míng yuángōng de dà qǐyèjiā, Sūn Dōngmín xiānsheng!
拥有一万名员工的大企业家，孙东民先生！
従業員1万人を抱える大起業家、孫東民さんだ！

第21課

主な語句

līn 拎	kuà 挎	cùxiāo 促销	jiǔwéi 久违
手で提げる	肩に掛ける	販売を促進する	お久しぶりです

孫　　Yíwàn tái. Wǒ yào dìnggòu yíwàn tái "Rèrè xiānsheng".
　　一万台。我要订购一万台"热热先生"。
　　1万台！「熱熱先生」を1万台、購入したい。

　　Wǒ yào gěi wǒmen gōngsī měi yí ge yuángōng mǎi yì tái zhèige héfàn zhìzàojī.
　　我要给我们公司每一个员工买一台这个盒饭制造机。
　　この弁当製造機を我が社の従業員全員に与えたい。

　　Ràng wǒmen de zhígōng měitiān zhōngwǔ néng chīshang rèhū de héfàn,
　　让我们的职工每天中午能吃上热乎的盒饭，
　　毎日、昼ごとに味わえる熱々の弁当は、

　　ràng dàjiā de dùzili yě nuǎn, xīnli yě nuǎn,
　　让大家的肚子里也暖，心里也暖，
　　みんなの胃袋と心を温め、

　　zhèyàng yìlái ne, yídìng huì jiǎnshǎo yuángōng de lízhí wèntí,
　　这样一来呢，一定会减少员工的离职问题，
　　そうすると、きっと従業員の離職問題が減少し、

　　bìng tígāo dàjiā de gōngzuò rèqíng.
　　并提高大家的工作热情。
　　労働意欲の向上に大いに役立つだろう。

一同　Ō！ Hǎo, hǎo！
　　噢！好，好！
　　おおーっ！いいぞ、いいぞ！

鄧　　Sūn Dōngmín xiānsheng, zhēn shì tài shuài le！
　　孙东民先生，真是太帅了！
　　孫東民さま、本当になんて素敵なの！

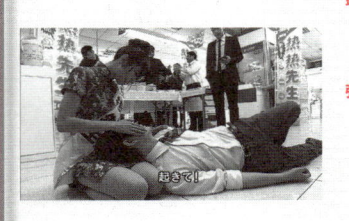

張　　Yíwàn tái！ Zhèyàng dehuà,
　　一万台！这样的话，
　　1万台！そうすると、

　　jīnhòu liǎng nián de xiāoshòu mùbiāo,
　　今后两年的销售目标，
　　向こう2年間の売り上げ目標を、

　　chūshòu dì yī tiān jiù dáchéng le！
　　出售第一天就达成了！
　　発売初日で達成することになる！

　　気を失う長山。

段　　長山さん、Xǐngxing a！ 長山さん！
　　　　　　　醒醒啊！
　　　　　　　しっかり！

長山　うー。

段　　Nín fàngxīn ba, zhèi cì búyòng zài chónglái yí biàn le！
　　長山さん、您放心吧，这次不用再重来一遍了！
　　　　　　安心してください、これでもうやり直さなくていいのよ！

ナレーション　长山经理如愿以偿了！
　　　　　　長山社長、願いがかないましたね！

　　　　　　よかったね！

「熱熱先生」ぼくも
1台ほしいなあ。
できれば、子どもサイズも
作ってほしいです。

主な語句

| tígāo 提高 引き上げる、向上させる | xiāoshòu 销售 売る | dáchéng 达成 達成する | fàngxīn 放心 安心する |

| lízhí 离职 職を離れる | rèqíng 热情 意欲 | mùbiāo 目标 目標 | xǐng 醒 目覚める | chónglái 重来 もう一度やる |

田中直樹、会話に挑戦します！

会社の企画会議に挑戦します。
新商品「りんごスーラータン」を売り出すために、
上司にアピールしてみせます。
「非常に」「とても」などの表現を、バンバン使いますよ〜！

田中 Nǐ hǎo.
你好。
こんにちは。

段 Nǐmen hǎo.
你们好。
こんにちは。

Zhènghǎo dào nǐ fāyán le, qǐng ba.
正好到你发言了，请吧。
ちょうどあなたの番です。どうぞ。

田中 Zhè shì píngguǒ suānlàtāng.
这是苹果酸辣汤。
これはりんごスーラータンです。

段 Wèi shénme xiǎng yào mài zhèige píngguǒ suānlàtāng ne?
为什么想要卖这个苹果酸辣汤呢？
なぜりんごスーラータンを売りだしたいのですか？

田中 Píngguǒ suānlàtāng fēicháng là.
苹果酸辣汤非常辣。
りんごスーラータンはとても辛い。

Zhōngguórén xǐhuan fēicháng là de dōngxi.
中国人喜欢非常辣的东西。
中国人は非常に辛いのが好き。

段 Zhōngguórén xǐhuan chī là de dōngxi.
中国人喜欢吃辣的东西。
中国人は辛いのを食べるのが好き。

Yuánlái shì zhèyàng, ńg, jìxù shuō.
原来是这样，嗯，继续说。
なるほど、つづけてください。

田中 Zhèige píngguǒ, Rìběn de píngguǒ.
这个苹果，日本的苹果。
このりんご、日本のりんご。

Zhèige tāng fēicháng là,
这个汤非常辣，
このスープは非常に辛く、

fēicháng suān, fēicháng tián.
非常酸，非常甜。
非常に酸っぱく、非常に甘い。

中国人 喜欢 吃 辣 的 东西。
Zhōngguórén xǐhuan chī là de dōngxi.
中国人は辛いのを食べるのが好き

中国人 喜欢 非常 辣 的 东西。
Zhōngguórén xǐhuan fēicháng là de dōngxi.
中国人は非常に辛いのが好き

段 Yòu là, yòu suān, yòu tián.
又辣，又酸，又甜。
辛さと酸味と甘さがあり

Érqiě hái shì Rìběn de píngguǒ.
而且还是日本的苹果。
しかも日本産のリンゴなんですね？

Zhèige píngguǒ suānlàtāng néng màichuqu ma?
这个苹果酸辣汤能卖出去吗？
りんごスーラータンは売れると思いますか？

田中 Méi wèntí.
没问题。
問題ないです。

Zhōngguórén hé Rìběnrén dōu xǐhuan zhèige.
中国人和日本人都喜欢这个。
中国人も日本人もみなこれが好きです。

Qǐng chángchang, dǎkāi.
请尝尝，打开。
どうぞ味見してみて、開けてください。

段 Zhèige duōshao qián?
这个多少钱？
これはいくらですか？

田中 Liǎngbǎi kuài.
两百块。
200元です。

段 Liǎngbǎi kuài? Tài guì le!
两百块？太贵了！
200元？高すぎます！

田中 200元て日本円でいうとどのくらいですかね？

阿部 たぶん、3000円とか。

田中 えっ！そんなにしますか！

阿部 知らなかったんですか!?

第21課

ドリルに挑戦してみましょう。

この本の全21課の内容を、総復習するためのドリル50問です。
全部正解できるように、がんばってくださいね。

最終試験

①わたしは田中と申します。
我（　　　）田中。

②彼は田中直樹さんです。
他（　　　）田中直树。

③これはあなたの財布ですか？
这是你的钱包（　　　）？

④これはわたしの腕時計ではありません。
这不是我（　　　）手表。

⑤これはわたしのです。
这是（　　　）。

⑥あなたは何を飲みますか？
你（　　　）什么？

⑦わたしはリンゴを食べます。
我（　　　）苹果。

⑧田中さんは中国語を勉強しています。
田中学（　　　）。

⑨あなたはどこに行きますか？
你去（　　　）？

⑩もう一度言ってください。
请再（　　　）一遍。

⑪よく休みなさい。
好好儿（　　　）。

⑫故宮までお願いします。
请（　　　）故宫。

⑬あなたはサッカーをするのが好きですか？
你（　　　）踢足球吗？

⑭あなたは日本人ですか、それとも中国人ですか？
你是日本人，（　　　）中国人？

⑮中国の音楽と日本の音楽はどれもとても美しい。
中国音乐和日本音乐（　　　）很好听。

⑯わたしは携帯電話を持っていません。
我（　　　）手机。

⑰お手洗いはありますか？
有没有（　　　）？

⑱わたしは土曜日に料理を作ります。
我（　　　）做菜。

⑲あなたは何時に起きますか？
你（　　　）起床？

⑳病院はどこにありますか？
医院（　　　）哪儿？

㉑トイレは地下鉄の駅の中にあります。
厕所在地铁站（　　　）边儿。

㉒あなたのメガネはあそこにあります。
你的眼镜在（　　　）。

㉓天安門まではどうやって行きますか？
到天安门（　　　）？

㉔ここからまっすぐ行って、そのあと左へ曲がります。
从这儿一直走，然后（　　　）。

㉕病院は学校のそばにあります。
医院在学校（　　　）边儿。

㉖わたしは服を買いたいです。
我想（　　　）衣服。

㉗わたしはちょっとお尋ねしたいです。
我想（　　　）一下。

㉘本１冊で50元。
一（　　　）书五十块。

㉙ビール10本で120元。
十瓶（　　　）一百二十块。

㉚あなたのお子さんは今年いくつになりましたか？
你小孩儿今年（　　　）岁了？

㉛あなたの（父方の）おじいさんは今年おいくつでいらっしゃいますか？
你爷爷今年多大（　　　）？

㉜あなたのお兄さんは今年いくつになりましたか？
你哥哥（　　　）多大了？

㉝どれぐらいの時間が必要ですか？
需要（　　　）时间？

㉞わたしは毎日２時間半中国語を勉強します。
我每天学（　　　）汉语。

㉟卵は500グラムいくらですか？
鸡蛋一斤（　　　）钱？

㊱このカバンはあれより高くない。
这个书包（　　　）那个贵。

㊲彼はわたしより３歳若い。
他比我年轻（　　　）。

㊳わたしは歯を磨いています。
我刷牙（　　　）。

㊴あなたは何をしていますか？
你在干什么（　　　）？

㊵窓は開いています。
窗户开（　　　）呢。

㊶あなたは明日来られますか？
你明天（　　　）来吗？

㊷高血圧の人は塩辛いものを食べられません。
高血压的人（　　　）吃太咸的东西。

㊸ゴルフができますか？
你（　　　）打高尔夫球吗？

㊹わたしはビールを3本飲めます。
我（　　　）喝三瓶啤酒。

㊺わたしに電話をください。
请（　　　）我打电话。

㊻お客さまにコーヒーをいれて！
给客人（　　　）咖啡！

㊼わたしは気功をやったことがあります。
我练（　　　）气功。

㊽わたしはバイオリンを弾いたことがあります。
我（　　　）过小提琴。

㊾わたしは京劇を見たことがありません。
我（　　　）看过京剧。

㊿すっぱすぎる！
（　　　）酸了。

答え
①姓　②叫　③吗　④的　⑤我的　⑥喝　⑦吃
⑧汉语　⑨哪儿　⑩说　⑪休息　⑫到　⑬喜欢
⑭还是　⑮都　⑯没有　⑰洗手间　⑱星期六
⑲几点　⑳在　㉑里　㉒那儿または那里
㉓怎么走　㉔往左拐　㉕旁　㉖买　㉗问　㉘本
㉙啤酒　㉚儿　㉛岁数または年纪　㉜今年
㉝多长　㉞两个半小时　㉟多少　㊱没有
㊲三岁　㊳呢　㊴呢　㊵着　㊶能
㊷不能または不可以　㊸会　㊹能　㊺给　㊻倒
㊼过　㊽拉　㊾没または没有　㊿太

田中直樹、会話に挑戦します！

1年間の勉強の最終試験として、台湾で会話に挑戦してきました！

特別編 台湾で最終試験！の巻

最終試験

台湾ロケで最後の挑戦！課題は「友だちづくり」

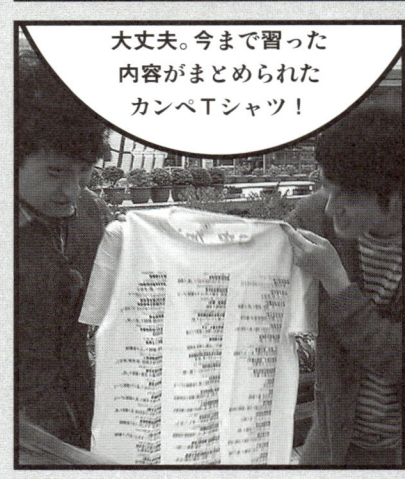

というわけで台湾に、やって来ました。

はい。

台湾で、友だちをたくさん作れ、ということですね。できるかな!?

大丈夫。今まで習った内容がまとめられたカンペTシャツ！

なるほど！がんばります。

このTシャツの背中にたくさんのハンコを押してもらってください。

台湾で友達を作って

まずは若い女性の友だちで

落花生売りのバイトに挑戦！

まずは乾物屋が並ぶ台北の迪化街、春節前の買い物客でにぎわう落花生屋さんへ。
「セクシーギャルとイケメンのアルバイト募集」の貼り紙に引き寄せられて体験させてもらいました！
友達ハンコももらえたし、出足好調です。つまみ食いさせてもらった落花生もおいしかったなあ（特に高いのはほんまにうまいですね。当たり前ですけど）。

おじさんたちと酒を酌み交わす

夜に屋台でにぎわう遼寧街、こちらでは、隣り合ったおじさんたちと台湾風ジャンケンで盛り上がりました！
負けたら酒を飲み干す、そんなルールでぐいぐい酒が進みます。
少し酒を酌み交わすだけでも距離が縮まる感じがある。酒の席は大事だな、と感じました。
たまたま見つけて食べることが出来たギンザメも、僕的には非常に大きな収穫でした！

朝の公園で、謎の健康法に出会う

> 笑う健康法です。

> 健康法ですか…!

> 静電気で…

> ビックリ!

> ハハハハハ

> 僕も考えました。

> トントントン

> 切れない包丁です。

> ハハハハハ

> ハハハハハハハ

豆乳と油条で、台湾定番の朝食

笑う健康法の方たちは、あったかい方ばかりで、幸せな気持ちになれました。笑いが大切なのは世界共通ですね。大笑いしたら一気に目がさめました。
健康法のおかげで、この日の朝食はめちゃくちゃまかったです。

子どもたちと、鬼ごっこで遊ぶ

日本でいう学童クラブのようなところにもお邪魔しました。ゲームや鬼ごっこで楽しく遊びました。
大人よりも子供の知っている単語は少ないですし、話すスピードも幾分遅いはず。子供達としゃべれるかは、テストと思って会話しました。実はかなり真剣です。

高校生のダンスの練習に入れてもらう

ダンスを練習する若い人たちに、話を聞かせてもらったり、一緒に踊ったりしました!
好青年ばかりでしたね。ただ同時に、若い人たちをまねして踊ってみて、自分の体力のなさや老いを感じる体験となりました。トホホ。

そして、感動の卒業式!

DVDには収録されませんでしたが、台湾では阿部さんと一緒に、現地のバラエティ番組に出演してきました。
羅志祥(SHOWショウ)さんの超人気番組「娛樂百分百」。スタジオでの公開収録、アドリブ一発勝負です。
この応援のため、陳先生、段さんも台湾に来てくれることに! そして収録前夜のホテルで、歌やネタの練習に付き合ってくれました。当日はおかげ様で、なんとか本番を楽しく乗り切ることが出来ました。

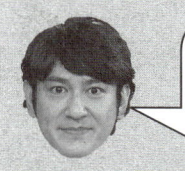

> 実は、まだ終わりではないんです。

> 田中さん頑張りましたね!

> 好・朋・友!

> みなさんも中国語学習がんばってくださいね! 再见!

> 陳先生、阿部ちゃん、段さんには最後の最後まで、本当にお世話になりました。ありがとうございました!

中国語基本音節表（カタカナ付き）

中国語のピンインは、「子音」と「母音」が組み合わされてできています。
この表のカタカナは、発音のヒントです。中国語の発音は日本語では正確に表せませんので、実際の発音とは一致しない場合があります。あくまでも目安としてご利用ください。カタカナに頼らなくてもピンインが読めるようになりましょう！

子音＼母音	a	o	e	-i[ŋ]	-i[ɹ]	er	ai	ei	ao	ou	an	en	ang	eng	-ong	i	ia	iao	ie
ゼロ	a アー	o オー	e オーア			er アル	ai アイ	ei エイ	ao アオ	ou オウ	an アン	en エン	ang アーン	eng ウオン	-ong オーン	yi イー	ya ヤー	yao ヤオ	ye イエ
b	ba バー	bo ボー					bai バイ	bei ベイ	bao バオ		ban バン	ben ベン	bang バーン	beng ブオン		bi ビー		biao ビヤオ	bie ビエ
p	pa パー	po ポー					pai パイ	pei ペイ	pao パオ	pou ポウ	pan パン	pen ペン	pang パーン	peng プオン		pi ピー		piao ピヤオ	pie ピエ
m	ma マー	mo モー	me モーア				mai マイ	mei メイ	mao マオ	mou モウ	man マン	men メン	mang マーン	meng ムオン		mi ミー		miao ミヤオ	mie ミエ
f	fa ファー	fo フォー						fei フェイ		fou フォウ	fan ファン	fen フェン	fang ファーン	feng フオン					
d	da ダー		de ドーア				dai ダイ	dei デイ	dao ダオ	dou ドウ	dan ダン	den デン	dang ダーン	deng ドウオン	dong ドーン	di ディー		diao ディヤオ	die ディエ
t	ta ター		te トーア				tai タイ		tao タオ	tou トウ	tan タン		tang ターン	teng トウオン	tong トーン	ti ティー		tiao ティヤオ	tie ティエ
n	na ナー		ne ノーア				nai ナイ	nei ネイ	nao ナオ	nou ノウ	nan ナン	nen ネン	nang ナーン	neng ヌオン	nong ノーン	ni ニー		niao ニヤオ	nie ニエ
l	la ラー		le ローア				lai ライ	lei レイ	lao ラオ	lou ロウ	lan ラン		lang ラーン	leng ルオン	long ローン	li リー	lia リヤ	liao リヤオ	lie リエ
g	ga ガー		ge ゴーア				gai ガイ	gei ゲイ	gao ガオ	gou ゴウ	gan ガン	gen ゲン	gang ガーン	geng グオン	gong ゴーン				
k	ka カー		ke コーア				kai カイ	kei ケイ	kao カオ	kou コウ	kan カン	ken ケン	kang カーン	keng クオン	kong コーン				
h	ha ハー		he ホーア				hai ハイ	hei ヘイ	hao ハオ	hou ホウ	han ハン	hen ヘン	hang ハーン	heng ホウオン	hong ホーン				
j																ji ジイ	jia ジア	jiao ジアオ	jie ジエ
q																qi チイ	qia チア	qiao チアオ	qie チエ
x																xi シイ	xia シア	xiao シアオ	xie シエ
zh	zha ジャア	zhe ジョーア		zhi ジー			zhai ジャイ	zhei ジェイ	zhao ジャオ	zhou ジョウ	zhan ジャン	zhen ジェン	zhang ジャーン	zheng ジュオン	zhong ジョーン				
ch	cha チャア	che チョーア		chi チー			chai チャイ		chao チャオ	chou チョウ	chan チャン	chen チェン	chang チャーン	cheng チュオン	chong チョーン				
sh	sha シャア	she ショーア		shi シー			shai シャイ	shei シェイ	shao シャオ	shou ショウ	shan シャン	shen シェン	shang シャーン	sheng シュオン					
r			re ウローア	ri ウリー					rao ウラオ	rou ウロウ	ran ウラン	ren ウレン	rang ウラーン	reng ウルオン	rong ウローン				
z	za ザー		ze ゾーア		zi ズー		zai ザイ	zei ゼイ	zao ザオ	zou ゾウ	zan ザン	zen ゼン	zang ザーン	zeng ズオン	zong ゾーン				
c	ca ツァー		ce ツォーア		ci ツー		cai ツァイ		cao ツァオ	cou ツォウ	can ツァン	cen ツェン	cang ツァーン	ceng ツオン	cong ツオーン				
s	sa サー		se ソーア		si スー		sai サイ		sao サオ	sou ソウ	san サン	sen セン	sang サーン	seng スオン	song ソーン				

◎子音「ゼロ」とあるのは、母音の前に子音がつかないことを表しています。
◎空欄は、その音がないか、ほとんど使われないことを意味します。

iからはじまるもの						uからはじまるもの									üからはじまるもの			
iou	ian	in	iang	ing	iong	u	ua	uo	uai	uei	uan	uen	uang	ueng	ü	üe	üan	ün
you	yan	yin	yang	ying	yong	wu	wa	wo	wai	wei	wan	wen	wang	weng	yu	yue	yuan	yun
ヨウ	イエン	イン	ヤーン	イーン	ヨーン	ウー	ワー	ウオ	ワイ	ウエイ	ワン	ウエン	ワーン	ウォーン	ユイ	ユエ	ユエン	ユイン
	bian	bin		bing		bu												
	ビエン	ビン		ビーン		ブウ												
	pian	pin		ping		pu												
	ピエン	ピン		ピーン		プウ												
miu	mian	min		ming		mu												
ミウ	ミエン	ミン		ミーン		ムウ												
						fu												
						フウ												
diu	dian			ding		du		duo		dui	duan	dun						
ディウ	ディエン			ディーン		ドウ		ドウオ		ドウイ	ドワン	ドウン						
	tian			ting		tu		tuo		tui	tuan	tun						
	ティエン			ティーン		トウ		トウオ		トウイ	トワン	トウン						
niu	nian	nin	niang	ning		nu		nuo			nuan				nü	nüe		
ニウ	ニエン	ニン	ニヤーン	ニーン		ヌウ		ヌオ			ヌワン				ニユイ	ニユエ		
liu	lian	lin	liang	ling		lu		luo			luan	lun			lü	lüe		
リウ	リエン	リン	リヤーン	リーン		ルウ		ルオ			ルワン	ルン			リユイ	リユエ		
						gu	gua	guo	guai	gui	guan	gun	guang					
						グウ	グワ	グオ	グワイ	グイ	グワン	グン	グワーン					
						ku	kua	kuo	kuai	kui	kuan	kun	kuang					
						クウ	クワ	クオ	クワイ	クイ	クワン	クン	クワーン					
						hu	hua	huo	huai	hui	huan	hun	huang					
						ホウ	ホワ	ホウオ	ホワイ	ホウイ	ホワン	ホウン	ホワーン					
jiu	jian	jin	jiang	jing	jiong										ju	jue	juan	jun
ジウ	ジエン	ジン	ジアーン	ジーン	ジオーン										ジユイ	ジユエ	ジユエン	ジユイン
qiu	qian	qin	qiang	qing	qiong										qu	que	quan	qun
チウ	チエン	チン	チアーン	チーン	チオーン										チユイ	チユエ	チユエン	チユイン
xiu	xian	xin	xiang	xing	xiong										xu	xue	xuan	xun
シウ	シエン	シン	シアーン	シーン	シオーン										シユイ	シユエ	シユエン	シユイン
						zhu	zhua	zhuo	zhuai	zhui	zhuan	zhun	zhuang					
						ジュウ	ジュワ	ジュオ	ジュワイ	ジュウイ	ジュワン	ジュン	ジュワーン					
						chu	chua	chuo	chuai	chui	chuan	chun	chuang					
						チュウ	チュワ	チュオ	チュワイ	チュウイ	チュワン	チュン	チュワーン					
						shu	shua	shuo	shuai	shui	shuan	shun	shuang					
						シュウ	シュワ	シュオ	シュワイ	シュウイ	シュワン	シュン	シュワーン					
						ru	rua	ruo		rui	ruan	run						
						ウルウ	ウルワ	ウルオ		ウルイ	ウルワン	ウルン						
						zu		zuo		zui	zuan	zun						
						ズウ		ズオ		ズイ	ズワン	ズン						
						cu		cuo		cui	cuan	cun						
						ツウ		ツオ		ツイ	ツワン	ツン						
						su		suo		sui	suan	sun						
						スウ		スオ		スイ	スワン	スン						

(作製：東京工科大学 j ピンイン研究プロジェクト)

NHK「テレビで中国語」DVDブック
ミニドラマで楽々、覚える
実践！ビジネス中国語講座

2014年4月8日 初版発行

発 行 人	森山裕之
編　　集	松野浩之
	細川工房
中国語校正	植屋高史（千葉大学）
デ ザ イ ン	新井千佳子（MOTHER）
監　　修	陳淑梅
	NHK「テレビで中国語」制作班
発　　行	ヨシモトブックス
	〒160-0022
	東京都新宿区新宿 5-18-21
	電話 03-3209-8291
発　　売	株式会社ワニブックス
	〒150-8482
	東京都渋谷区恵比寿 4-4-9 えびす大黒ビル
	電話 03-5449-2711
印　　刷	大日本印刷株式会社

本書の無断複製（コピー）、転載は著作憲法上の例外を除き禁じられています。
落丁本、乱丁本は㈱ワニブックス営業部宛にお送りください。
送料小社負担にてお取り換え致します。

ISBN978-4-8470-9223-7
©2014 NHK
© 陳淑梅／田中直樹／吉本興業
Printed in Japan

本書は、NHK「テレビで中国語」（2012年4月から2013年3月放送）から抜粋し、再編集したものです。